増補改訂版

中国語文法 補語完全マスター

李 軼倫 著

コスモピア

はじめに

　「中国語を何年も勉強しているけど、どうしても補語の壁が乗り越えられない」
　「見ればだいたい意味はわかるけど、自分からは使えない」
　「種類が多すぎて覚えられない」
　「会話で聞き取れない部分はいつも補語」
　「日本語にうまく訳せないことが多い」
　「語順が難しい、どう並べればよいかわからない」……

　中国語学習者にとって、補語はたしかに一つの難関だと言えるかもしれません。この難関を乗り越えなければ、いつまでも初心者マークが取れません。しかし、逆に言えば、補語の難関を乗り越えられれば、中国語の表現力は格段に上がり、自然な中国語を使うための大きな飛躍になります。

　では、補語はどう勉強すれば一番効果的でしょうか。
　もちろん、基本的なルールを知ることは大事ですが、他にもう一つ重要なことは、やはり実例にたくさん触れることです。動詞・形容詞と補語の組み合わせには強い習慣性があるので、「相性が良い / 悪い」という「語感」を磨いて応用を効かせるには、大量の用例のインプットが不可欠です。この点に関しては他の文法の学習でも同じなのですが、種類と規則が多様で習慣性が強い補語では、「論より証拠」の学習が特に重要だと思います。

この本では、各種の補語の用法をなるべくわかりやすく簡潔にまとめ、丸ごと覚えてそのまま使える実用的な用例をふんだんに用意しました。また、リスニング練習にもなるディクテーションの練習問題や、作文力を高める並べ替えの語順問題など、大量のインプット練習によって、補語に対する理解と応用力が大幅に向上するにちがいありません。

　今回の改訂版は、一部修正・加筆したほか、よりトレーニングしやすいように練習問題と解答の順番を改善しました。そして総合トレーニング問題を大量に増やしました。様々な補語表現がランダムに入っている「センテンスでトレーニング」と「並べ替えでトレーニング」を合わせて 100 問、面白みがある内容も楽しめる「会話でトレーニング」を 13 篇追加しました。また、練習問題は全て音声付きで、リスニング力も鍛えることができます。何度も音声を聞いて音読練習して様々な補語表現を頭に叩き込んでください。

　この本が、みなさんが「補語」という難関を突破するのにお役に立てれば幸いです。

2021 年 10 月

李 軼倫

目次

補語とは？

第1章　結果補語

第2章　方向補語

第3章　可能補語

本書の構成と使い方

ダウンロード音声の番号

例文は補語を含んだ部分を赤字にし、赤シートで隠せるようになっています。

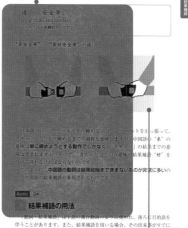

6つの補語の基本形がわかるように、各章のはじめに整理してまとめられています。

補語の表すニュアンスをできるだけ捉えやすくするために、イラストを掲載しています。

 ダウンロード音声には、
・本文の例文
・センテンスでトレーニング
・並び替えでトレーニング
・会話でトレーニング／文章でトレーニング
　の中国語が収録されています。

センテンスでトレーニング

一文ごとに音声を聞き、下線部に補語
を含んだ中国語を入れます。

並べ替えでトレーニング

中国語は語順が大切です。ここでは
補語を含んだ中国語の作文のトレー
ニングをします。解答を確認した後
に、正しく並べ替えられた文の音声
を聞いて語順を定着させましょう。

会話 / 文章でトレーニング

ダイアローグやモノローグでトレーニ
ングをします。第1章から第3章まで
は、適切な補語を選んで、下線部に入
れます。第4章から第6章は、音声を
ディクテーションして下線部に適切な
語句を書き入れます。

巻末には3つのトレーニング
で使用した文・文章がすべて
掲載されています。解答部分
が赤字になっています。

総合練習問題

どの補語を使うかがあらかじめわかっている章末のトレーニングと違い、総合練習問題では6種類の補語がランダムに登場します。補語を使える力がどのくらいついたか試してみましょう。

総合練習問題 解答

解答にはすべて①から⑥の番号が記されています。これは章の番号で、第1章から第6章で扱った、どの種類の補語に該当するかを示したものです。わからなかった問題は該当する章に戻って復習しましょう。また、下線の語が補語になります。

索引

第1章「結果補語」〜第5章「程度補語」の本文で取り上げた、補語を含んだフレーズをピンイン順に掲載しています。

音声ファイル番号一覧

[無料] 音声を聞く方法

音声をスマートフォンや PC で、簡単に
聞くことができます。

方法1 ストリーミング再生で聞く場合

面倒な手続きなしにストリーミング再生で聞くことができます。

※ストリーミング再生になりますので、通信制限などにご注意ください。
　また、インターネット環境がない状況でのオフライン再生はできません。

→ このサイトにアクセスするだけ！

https://ux.nu/Y4tyy

1 上記サイトにアクセス！

2 アプリを使う場合は
SoundCloud に
アカウント登録（無料）

方法2 パソコンで音声ダウンロードする場合

パソコンで mp3 音声をダウンロードして、スマホなどに取り込むこと
も可能です。
（スマホなどへの取り込み方法はデバイスによって異なります。）

1 下記のサイトにアクセス

https://www.cosmopier.com/download/4864541701

2 パスワードの【21011】を入力する

音声は PC の一括ダウンロード用圧縮ファイル（ZIP 形式）で、ご提供します。
解凍してお使いください。

電子版を使うには

音声ダウンロード不要
ワンクリックで音声再生！

本書購読者は
無料でご使用いただけます！
音声付きで
本書がそのままスマホでも
読めます。

電子版ダウンロードには
クーポンコードが必要です

詳しい手順は下記をご覧ください。
右下の QR コードからもアクセスが
可能です。

電子版：無料引き換えコード
21011`

ブラウザベース（HTML5 形式）でご利用
いただけます。

★クラウドサーカス社 ActiBook電子書籍
（音声付き）です。

●対応機種
・PC（Windows/Mac）　・iOS（iPhone/iPad）
・Android（タブレット、スマートフォン）

電子版ご利用の手順

❶コスモピア・オンラインショップにアクセス
してください。（無料ですが、会員登録が必要です）

https://www.cosmopier.net/

❷ログイン後、カテゴリ「電子版」のサブカテゴリ「書籍」をクリックして
ください。

❸本書のタイトルをクリックし、「カートに入れる」をクリックしてください。

❹「カートへ進む」→「レジに進む」と進み、「クーポンを変更する」をクリック。

❺「クーポン」欄に本ページにある無料引き換えコードを入力し、「登録する」
をクリックしてください。

❻０円になったのを確認して、「注文する」をクリックしてください。

❼ご注文を完了すると、「マイページ」に電子書籍が登録されます。

補語 とは？

　文字通りに、補語とは「補う語」のことで、**動詞や形容詞の後ろに置いて、その動作や状況についてより具体的に補足説明する成分**です。

　「補足説明」といっても、あってもなくてもいい副次的な存在ではなく、補語は中国語の文法体系において非常に重要な役割を果たしています。補語は口語でも文章でも非常によく使われるのはもちろんのこと、補語の形でないと表現できない場合もよくあります。

　例えば、「食べきれない」というような不可能の意味を表すのに、学習者はつい"不能吃完"のように、助動詞"能"を使ってしまう傾向がありますが、正しい言い方は、可能補語の形で"吃不完"や"吃不了"などで表現しなければいけません。

食べきれない

例 ✕ 不能吃完 bù néng chīwán　　⇐　間違えやすい

　　○ 吃不完 chībuwán

　　○ 吃不了 chībuliǎo

　補足説明の内容によって、補語は以下の６種類に分けられます（文法書によって分類が異なることがあります）。これからは項目別で詳しく学習していきますが、まず補語の全体像をつかんでもらうために、６種類の補語の要点を簡単にまとめておきます。

　以下、①いつ使う？（文法上の働き）、②どのように使う？（文法構造）、③学習上の注意点は？の３点について整理しました。

結果補語

① 動作の結果がどうなったかを表現するとき
②「動詞＋結果」を表す動詞・形容詞
③「動作＋結果」の二段階式の表現に慣れよう！

你吃饱了吗? ———— 我还没吃饱。
Nǐ chībǎo le ma?　　　　 Wǒ hái méi chībǎo.
お腹いっぱいになった？ ———— まだお腹いっぱいになっていない。

方向補語

① 動作の方向性を表す必要があるとき
②(1) 動詞＋1音節の方向性動詞　(2) 動詞＋2音節の方向性動詞
③ 目的語を伴う場合、その位置の変化に注意！
　 方向補語の派生義は想像力を発揮してマスターしよう！

他把一大碗面都吃下去了。
Tā bǎ yí dà wǎn miàn dōu chīxiaqu le.
彼はどんぶり一杯の麺を全部食べた。

可能補語

① 動作が実現可能か不可能かを表現するとき
②(1) 動詞＋"得／不"＋結果補語・方向補語　(2) 動詞＋"得／不"＋"了"
　 (3) 動詞＋"得／不得"　(4) 可能補語の形の慣用形式
③「〜できる」は"能＋動詞"で表現できるが、「〜できない」は"能＋動詞"
　 で表現できず、必ず可能補語を使わなければならないことがある。

点了这么多菜，吃得了吗? —— 吃不了就带回去。
Diǎnle zhème duō cài, chīdeliǎo ma?　 Chībuliǎo jiù dàihuiqu.
こんなにたくさんの料理を注文して、食べきれる？　 食べきれなかったら持って帰ろう。

様態補語

① 動作の状態などについて詳しく描写したいとき
② 動詞 / 形容詞＋“得”＋様子や状態を表す語句
③ 肯定形の形容詞の前に程度副詞が必要

長い文も様態補語になり得る。訳すときは工夫しよう！

他吃面条吃<u>得</u>很快。
Tā chī miàntiáo chīde hěn kuài.
彼は麺を食べるのがとても速い。

程度補語

① 形容詞や一部の動詞の程度を強調したいとき
②（1）形容詞 / 動詞＋“得”＋“很”・“不得了”など
　（2）形容詞 / 動詞＋“极了”・“多了”など
③ 言い換えられるものも多いが、それぞれの特徴をつかもう！

他的饭量大<u>得很</u>。
Tā de fànliàng dàde hěn.
彼が食べる量はかなり多い。

一天没吃饭，饿<u>极了</u>。
Tì tiān méi chī fàn, è jíle.
1日ご飯食べなかったので、ものすごくお腹が空いた。

数量補語

① 動作の継続時間や回数を表現するとき
② 動詞＋時間や回数を表すフレーズ
③ 目的語の位置はその性質によって変わるので要注意！

我吃过<u>两次</u>北京烤鸭。
Wǒ chīguo liǎng cì Běijīng kǎoyā.
わたしは2回北京ダックを食べたことがある。

第 **1** 章

結果補語

1 結果補語の基本形

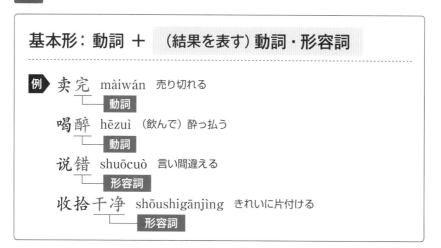

基本形： 動詞 ＋ （結果を表す）動詞・形容詞

例 卖完 màiwán 売り切れる
　　　└─ 動詞

喝醉 hēzuì （飲んで）酔っ払う
　　　└─ 動詞

说错 shuōcuò 言い間違える
　　　└─ 形容詞

收拾干净 shōushigānjìng きれいに片付ける
　　　　　└─ 形容詞

　動詞の後ろに動詞または形容詞を付けると、動作の様々な結果を表すことができます。その後ろの成分が**結果補語**です。

　「動詞＋結果補語」という形の表現は日本語の複合動詞に似ています。例えば、"卖完"、"说错" は「売り切れる」、「言い間違える」と訳すことができます。しかし、このようにすんなりと訳せないものも非常に多いです。
　"喝醉" は直訳すると「飲んで酔っ払う」ですが、日本語では「酔っ払う」の１語だけで十分です。また、"收拾干净" は「片付けてきれいになる」という順になっていますが、日本語では「きれいに片付ける」というふうに言うのが一般的でしょう。

2 どうして中国語で結果補語が多用されるのか

　以上の例のように、動作や行為がある具体的な結果をもたらす場合、中国語では「売る→なくなる」「飲む→酔っ払う」「言う→間違える」「片付ける→きれいになる」と、**「動作＋結果」**の２段階で表現することが多いです。

　これは、中国語の動詞と日本語の動詞と性質の違いによるものです。中国語の動詞は一般にその動作の進行段階しか表さず、動作の**結果段階**までは言及しません。

> 请系<u>好</u>安全带。
> Qǐng jìhǎo ānquándài.
> シートベルトを締めてください。

"系安全带" と "系好安全带" の違い

　日本語の「（シートベルトを）締める」はシートベルトを引っ張って、カチャッとしっかり締めるまでの過程を意味しますが、中国語の "系" の意味は**単に「締める」という動作でしかなく**、「カチャッ」の結果までの意味は含まれません。そこで、「きちんと」という意味の結果補語 "好" を付けて言わなければならないのです。

　このように、**中国語の動詞は結果段階まで含まないものが非常に多い**ので、中国語の結果補語が多用されるわけです。

`Audio` 　04

3 結果補語の用法

　「動詞＋結果補語」は1語の複合動詞のように使われ、後ろに目的語を伴うことがあります。また、結果補語を用いる場合、その出来事がすでに実現したことがほとんどなので、"了" を伴うことが多いです。ただし、

文中に過去を表す時間詞があるなど、「実現した」という意味が文脈で明らかになっている場合は"了"を使わないこともあります。

报告书写完了吗?
Bàogàoshū xiěwán le ma?
報告書は書き終わりましたか。

我坐错了公交车，所以来晚了。
Wǒ zuòcuòle gōngjiāochē, suǒyǐ láiwǎn le.
バスを乗り間違えたので、遅れました。

每天吃汉堡包，我都吃腻了。
Měitiān chī hànbǎobāo, wǒ dōu chīnì le.
毎日ハンバーガーを食べて、もう飽きたよ。

你学会开车了吗?
Nǐ xuéhuì kāichē le ma?
あなたは車の運転ができるようになったの？

以下のような命令・依頼表現の場合、結果はまだ実現していないので、"了"を用いません。

请把书架上的书摆整齐。
Qǐng bǎ shūjià shang de shū bǎizhěngqí.
本棚の本をきれいに並べてください。

結果補語の否定は基本的に"没"を使います。

晚饭还没做好呢。
Wǎnfàn hái méi zuòhǎo ne.
夕食はまだできていませんよ。

我没想<u>到</u>会发生这种事。
Wǒ méi xiǎngdào huì fāshēng zhèi zhǒng shì.
こんなことが起きるとは思いもしませんでした。

ただし、条件を表す場合は"不"を使うこともあります。

不处理<u>完</u>库存，就无法进货。
Bù chǔlǐwán kùcún, jiù wúfǎ jìnhuò.
在庫を処分しないと入荷できません。

Audio 05

4 よく使われる結果補語

　結果補語になれるのは**動詞と形容詞のみ**です。直前の動詞の結果になり得るのであれば、口語で常用されるほとんどの形容詞が結果補語になることができます。一方、結果補語になれる動詞は無限にある訳ではありません。以下によく使われるものを詳しく紹介しましょう。

-成　〜になる；〜完成する

-到　到達する；達成する

-懂　わかる、理解する

-够　足りる、十分に〜

-开　開ける；分ける、離れる

-通　通る、通じる；理解する

-完　〜し終わる

-着　動作の目的や結果が達成する

-住　固定する、安定する

-倒　倒す、倒れる

-掉　なくしてしまう、取り除く

-惯　慣れる

-见　視覚・聴覚などで感じ取る

-死　死ぬ；固定して動かすことができない

-透　突き抜ける；徹底している

-在　ある場所に落ち着く

-走　その場を離れる

- 成　　～になる；～完成する

❶ 把葱切成细丝，把姜切成碎末。
Bǎ cōng qiēchéng xì sī, bǎ jiāng qiēchéng suì mò.
ネギを細切りに、生姜をみじん切りに切る。

❷ 那本小说被翻译成了很多种语言。
Nèi běn xiǎoshuō bèi fānyìchéngle hěn duō zhǒng yǔyán.
あの小説はたくさんの言語に訳された。

❸ 这本书终于写成了。
Zhèi běn shū zhōngyú xiěchéng le.
この本はやっと書き終わった。

❹ 那座大楼只用了半年时间就建成了。
Nèi zuò dàlóu zhǐ yòngle bàn nián shíjiān jiù jiànchéng le.
あのビルはたった半年間の時間でできた。

　①と②は「～にする、～になる」と形状の変化などを表し、③と④は「仕上げる、完成する、遂行した」ことを表します。

- 倒　　倒す、倒れる

❶ 猫把花瓶碰倒了。
Māo bǎ huāpíng pèngdǎo le.
ねこが花瓶を（ぶつかって）倒した。

❷ 奶奶不小心摔倒了。
Nǎinai bù xiǎoxīn shuāidǎo le.
おばあちゃんは不注意で転んでしまった。

❸ 他被一块石头绊倒了。
Tā bèi yí kuài shítou bàndǎo le.
彼は石につまずいて転んだ。

ほかに"打倒（打ち倒す）""踢倒（蹴り倒す）""推倒（押し倒す）"な

ど、どのように倒す、倒れるかをこの「動詞＋"倒"」の形で簡単に表現することができます。

- 到 　到達する；達成する

❶ 他最先跑到了终点。
Tā zuìxiān pǎodàole zhōngdiǎn.
彼は一番先に（走って）終点に到着した。

❷ 昨天看电视看到半夜两点多。
Zuótiān kàn diànshì kàndào bànyè liǎng diǎn duō.
昨日は深夜2時過ぎまでテレビを見ていた。

❸ 你的钥匙找到了吗？
Nǐ de yàoshi zhǎodào le ma?
あなたの鍵は見つかりましたか。

❹ 那本书我终于买到了。
Nèi běn shū wǒ zhōngyú mǎidào le.
あの本はやっと（買って）手に入れた。

①と②はある場所・時点・程度への到達を表し、③と④は目的の達成や結果の実現を表します。また、②は「動詞＋目的語（"看电视"）」の構造になっている場合、**動詞を繰り返して言わなければならないので注意が必**要です。

- 掉 　なくしてしまう、取り除く

❶ 把不愉快的事忘掉吧。
Bǎ bù yúkuài de shì wàngdiào ba.
嫌なことを忘れてしまいましょう。

❷ 我不小心把重要的文件删掉了。
Wǒ bù xiǎoxīn bǎ zhòngyào de wénjiàn shāndiào le.
わたしはうっかりして重要なファイルを削除してしまった。

❸ 这双鞋还能穿就要扔掉吗？　太可惜了。

Zhèi shuāng xié hái néng chuān jiù yào rēngdiào ma? Tài kěxī le.

この靴はまだ履けるのにもう捨ててしまうの？ もったいないよ。

❹ 抽烟的习惯可不好，早点儿戒掉吧。

Chōu yān de xíguàn kě bù hǎo, zǎo diǎnr jièdiào ba.

タバコを吸う習慣はよくないよ、早くやめてしまったら。

"-掉" は「～してしまう」と訳せることが多いです。

- 懂　　わかる、理解する

❶ 那篇论文我没看懂。

Nèi piān lùnwén wǒ méi kàndǒng.

あの論文は（読んで）理解できなかった。

❷ 补语很复杂，不容易学懂。

Bǔyǔ hěn fùzá, bù róngyì xuédǒng.

補語はとても複雑で、マスターしにくい。

❸ 你能听懂广东话吗？

Nǐ néng tīngdǒng Guǎngdōnghuà ma?

あなたは広東語が（聞いて）わかりますか？

"能听懂" は可能補語 "听得懂"（→ p.92）と表現することもできます。

- 惯　　慣れる

❶ 我吃惯生鱼片了。

Wǒ chīguàn shēngyúpiàn le.

わたしは刺身に（食べて）慣れました。

❷ 新买的手机我还没用惯。

Xīn mǎi de shǒujī wǒ hái méi yòngguàn.

新しく買った携帯電話をまだ使い慣れていない。

❸ 住惯了就不想搬家了。

Zhùguànle jiù bù xiǎng bānjiā le.

住み慣れたら引っ越したくなくなる。

-够　足りる、十分に～

❶ 你说够了没有？

Nǐ shuōgòule méiyou?

あなたは言い足りましたか。→いい加減に黙ってちょうだい！

❷ 上司的坏脾气我已经受够了。

Shàngsi de huài píqi wǒ yǐjīng shòugòu le.

かんしゃく持ちの上司にはもう十分に耐えてきた。→かんしゃくもちの上司にはもう我慢できない。

❸ 你都玩儿了两个小时游戏了，还没玩儿够吗？

Nǐ dōu wánrle liǎng ge xiǎoshí yóuxì le, hái méi wánrgòu ma?

もう2時間もゲームをやっているのに、まだ遊び足りていないの？

※ "玩儿了两个小时游戏" は**数量補語**の形です。（→ p.156）

- 见   視覚・聴覚などで感じ取る

❶ 我好像听见有人在叫我。
Wǒ hǎoxiàng tīngjiàn yǒu rén zài jiào wǒ.
誰かがわたしのことを呼んでいるように聞こえた。

❷ 你没闻见糊味儿吗?
Nǐ méi wénjiàn hú wèir ma?
焦げ臭いのがにおわなかった?

❸ 我昨天看见他们俩拉着手在街上走呢。
Wǒ zuótiān kànjiàn tāmen liǎ lāzhe shǒu zài jiē shang zǒu ne.
昨日あの二人が手をつないで街を歩いているのを見た。

「視覚で感じ取る」と関連して、"碰见、遇见（出くわす、出会う）""找见（見つかる）"などの用法もあります。なお、"- 见"も一種の「目的の達成・結果の実現」なので、"- 到"と言い換えられることが多いです。

- 开   開ける；分ける、離れる

❶ 谢谢你的礼物。我可以打开吗?
Xièxie nǐ de lǐwù.　Wǒ kěyǐ dǎkāi ma?
プレゼントありがとう。開けてもいい?

❷ 把窗帘拉开吧。
Bǎ chuānglián lākāi ba.
カーテンを (引いて) 開けよう。

❸ 他把上衣的扣子解开了。
Tā bǎ shàngyī de kòuzi jiěkāi le.
彼は上着のボタンを外した。

❹ 我们已经分开十多年了。
Wǒmen yǐjīng fēnkāi shí duō nián le.
わたしたちは別れてからもう 10 数年経った。

　①と②は「（閉まっている事物を）開ける」ことを表し、③と④は「（一体であった事物や人が）分かれたり、離れたりする」ことを表します。"‐开"はしばしば動作の移動を伴うことから、**方向補語**（→ *p.90*）に分類されることもあります。

‐ 死　　死ぬ；固定して動かすことができない

❶ 一只青蛙被车轧死了。
Yì zhī qīngwā bèi chē yàsǐ le.
1匹のカエルが車に潰されて死んだ。

❷ 他几年前病死了。
Tā jǐ nián qián bìngsǐ le.
彼は数年前に病気で死んだ。

❸ 一直忘了浇水，花都干死了。
Yìzhí wàngle jiāo shuǐ, huā dōu gānsǐ le.
水をやるのを忘れて、花は全部枯れてしまった。

❹ 他把窗户钉死了。
Tā bǎ chuānghu dìngsǐ le.
彼は窓を釘付けにした。

　この「動詞＋"死了"」は「形容詞＋"死了"」の形で「程度が甚だしい」ことを表す**程度補語**（→ *p.144*）とは違うので、注意しましょう。

　通る、通じる；理解する

❶ 隧道快要打通了。

Suìdào kuàiyào dǎtōng le.

トンネルはもうすぐ貫通する。

❷ 我给他打了好几次电话，可都没打通。

Wǒ gěi tā dǎle hǎojǐ cì diànhuà, kě dōu méi dǎtōng.

彼に何回も電話したけれど、ずっとつながらなかった。

❸ 过了很长时间，我才想通了。

Guòle hěn cháng shíjiān, wǒ cái xiǎngtōng le.

かなり長い時間が経ったあと、わたしはやっと合点がいった。

❹ 他的汉语算是学通了。

Tā de Hànyǔ suànshì xuétōng le.

彼の中国語は、完全にマスターしたと言える。

　③と④の"想通"、"学通"はわからなかったことが道が開いたように理解できるようになった、精通したという意味になります。

- 透　突き抜ける；徹底している

❶ 子弹穿透了墙壁。

Zǐdàn chuāntòule qiángbì.

弾丸が壁を貫通した。

❷ 他的企图我早就看透了。

Tā de qǐtú wǒ zǎojiù kàntòu le.

彼の企みはとっくに見抜けていた。

❸ 柿子熟透了。

Shìzi shútòu le.

柿は完熟した。

❹ 全身都湿透了。

Quánshēn dōu shītòu le.

全身ずぶぬれになってしまった。

「形容詞＋"透了"」の形で「(好ましくないことの)程度が甚だしい」ことを表す程度補語 (→ p.146) との違いに注意しましょう。

-完　～し終わる

❶ 电影几点演完？

Diànyǐng jǐ diǎn yǎnwán?

映画は何時に終わるの？

❷ 咱们吃完饭就走吧。

Zánmen chīwán fàn jiù zǒu ba.

わたしたちはご飯を食べ終わったらすぐに行きましょう。

❸ 写完作业才可以玩儿游戏。

Xiěwán zuòyè cái kěyǐ wánr yóuxì.

宿題をやり終えたらゲームをやってもよい。

-在　ある場所に落ち着く

❶ 我把车停在路旁了。

Wǒ bǎ chē tíngzài lùpáng le.

わたしは車を道端に止めた。

❷ 请把姓名和地址写在这里。

Qǐng bǎ xìngmíng hé dìzhǐ xiězài zhèli.

お名前と住所をここに書いてください。

❸ 沙发摆在哪儿好呢？

Shāfā bǎizài nǎr hǎo ne?

ソファーはどこに置けばいいんだろう？

「動詞＋ "在" ＋場所 / 時間」で動作や物事が起きる場所や時間を表すこともあります。

❹ 她出生在天津，长在上海。
Tā chūshēngzài Tiānjīn, zhǎngzài Shànghǎi.
彼女は天津で生まれ、上海で育った。

❺ 事故发生在下午两点多。
Shìgù fāshēngzài xiàwǔ liǎng diǎn duō.
事故は午後2時過ぎに起きた。

- 着　動作の目的や結果が達成する

❶ 演唱会的票买着了吗?
Yǎnchànghuì de piào mǎizháo le ma?
ライブのチケットは買えましたか。

❷ 这次没见着小王，真遗憾。
Zhèi cì méi jiànzháo XiǎoWáng, zhēn yíhàn.
今回は王さんに会えなくて残念だった。

❸ 他一躺下就睡着了。
Tā yì tǎngxià jiù shuìzháo le.
彼は横になった途端すぐ眠りに入った。

　①と②は "- 到" に言い換えることもできます。③の "睡着" は「寝付く、眠りに入る」という意味の決まり表現なので、"- 到" に言い換えられません。

- 走　その場を離れる

❶ 那本书被人借走了。
Nèi běn shū bèi rén jièzǒu le.
あの本は誰かに借りていかれた。

❷ 我家的邻居搬走了。
Wǒ jiā de línjū bānzǒu le.
家のお隣さんが引っ越してしまった。

❸ 这些水果你都带走吧。
Zhèi xiē shuǐguǒ nǐ dōu dàizǒu ba.
これらの果物を全部持っていていいよ。

- 住　固定する、安定する

❶ 出租车在我旁边停住了。
Chūzūchē zài wǒ pángbiān tíngzhù le.
タクシーはわたしのそばに止まった。

❷ 他紧紧握住了我的手。
Tā jǐnjǐn wòzhùle wǒ de shǒu.
彼はぎゅっとわたしの手を握りしめた。

❸ 你要记住密码，千万别忘了。
Nǐ yào jìzhù mìmǎ, qiānwàn bié wàng le.
パスワードを絶対に忘れないようにしっかり覚えてください。

　③は「情報をしっかりと脳に記憶（定着）させておく」のイメージで、結果補語 "- 住" が使われています。

センテンスでトレーニング

音声を聞き、下線部に適切な中国語を入れてください。　Audio　06

❶ お姉さんは弟に腹が立って泣いてしまった。

姐姐被弟弟＿＿＿了。

❷ 弟はおどけてお姉さんを笑わせた。

弟弟把姐姐＿＿＿了。

❸ わたしのメールを受け取りましたか？

你＿＿＿我的邮件了吗？

❹ あなたの言い訳は聞き飽きた。

你的借口我已经＿＿＿了。

❺ 日本円を人民元に両替した。

我把日元＿＿＿人民币了。

❻ わたしの言ったことが理解できましたか？

你＿＿＿我说的话了吗？

❼ 今日は厚着しすぎて、全身汗をかいてしまった。

今天＿＿＿了，出了一身汗。

❽ あっという間に子どもたちは皆大きくなった。

一转眼，孩子们都＿＿＿了。

❾ ゴールキーパーはしっかりと球を受け止めた。

守门员稳稳地把球＿＿＿了。

❿ そう言い切ってしまわないで、少し余地を残しておかないと。

话别＿＿＿，要留一些余地。

⓫ ご飯を食べ終わったが、お腹がいっぱいになっていない。

我＿＿＿饭了，可是没＿＿＿＿。

⓬ わたしはまだ写し終わっていないのに、先生は黒板の字を消してしまった。

我还没＿＿＿＿，老师就把黑板上的字＿＿＿＿了。

⓭ この本は出版して一カ月で完売した。

这本书出版后一个月＿＿＿＿＿＿＿＿＿＿。

⓮ 彼が突然ドアを開けたのでびっくりした。

＿＿＿＿＿＿＿＿＿＿＿＿＿，吓了我一跳。

⓯ 昨日街で古い友だちにばったり会った。

我昨天在街上＿＿＿＿＿＿＿＿＿＿＿。

⓰ チョウが花にしばらく止まって、また飛んでいった。

蝴蝶在花上＿＿＿＿＿＿＿＿＿＿。

⓱ 彼は自殺ではなく、人に殺されたのだ。

他不是自杀，＿＿＿＿＿＿＿＿＿＿。

⓲ 映画が始まってすぐに結末が予想できてしまった。

电影刚开始我就＿＿＿＿＿＿＿＿＿＿。

⓳ 彼は質素な生活に慣れたので、お金があっても無駄遣いしない。

＿＿＿＿＿＿＿＿＿＿＿＿＿，有钱也不乱花。

⓴ 彼は３時間もカラオケを歌って、喉を枯らした。

他唱卡拉 OK＿＿＿＿＿＿＿＿＿＿。

（　　）内の中国語を並べ替え、文を完成させてください。 Audio 07

❶ 李さんは昨日また
酔っぱらった。

（ 了　又　醉　老李　喝　昨天 ）

❷ "1" を "7" に見間
違えた。

（ 看　"1"　把　了　成　"7"　我 ）

❸ 彼女は髪の毛を短く
切った。

（ 把　短　头发　了　她　剪 ）

❹ 自転車が風で倒れて
しまった。

（ 风　倒　被　自行车　了　吹 ）

❺ お腹を壊してしまっ
た。

（ 把　肚子　吃　了　坏　我 ）

❻ 彼は家を売ってし
まった。

（ 掉　了　房子　把　他　卖 ）

❼ これらのお皿はきれ
いに洗っていない。

（ 没　干净　这些　洗　盘子 ）

❽ このトランクはもう
いっぱいだ。

（ 装　已经　行李箱　了　满　这个 ）

❾ 一人のおばあさんが
ベンチに座っている。

（ 坐　上　长椅　老奶奶　一个　在 ）

❿ あっち行け！顔も見
たくない。

（ 看见　不　开　我　你　想　你　走 ）

＊音声は解答ページ p.191 を参照してください。

⑪ 先生はまたわたしの 名前を読み間違えた。	（ 又　了　念　我的名字　把　老师　错 ）
⑫ 魯迅は浙江省紹興市 に生まれた。	（ 在　绍兴市　鲁迅　出生　浙江省 ）
⑬ 会議の資料は準備で きましたか？	（ 了　好　的　都　准备　吗　会议　资料 ）
⑭ 衣服を洗ったら畳ま ないといけないので 面倒だ。	（ 还　麻烦　得　完　叠　洗　真　衣服 ）
⑮ 肉がまだ煮えていな いので、もう少し煮 ましょう。	（ 煮　再　一会儿　熟　吧　还　透　肉　没 ）
⑯ まだ月末になってい ないのに、給料を使 い果たしてしまった。	（ 光　就　月底　到　工资　了　还　花　没 ）
⑰ 大雨が降ったので、 運動会は開けなかっ た。	（ 成　没　下　运动会　因为　开　大雨 ）
⑱ 初めてスケートをし たので、何度も転ん でしまった。	（ 好几　滑冰　倒　第一次　次　了　滑　我 ）
⑲ 昨日は４時間しか寝 ていなくて、睡眠不 足だ。	（ 没　睡　够　四个小时　昨天　才　睡　了 ）
⑳ いくらおいしいもの でも、毎日食べると 飽きてしまう。	（ 会　也　吃腻　好吃　东西　每天　再　的 吃 ）

適切な結果補語を選んで、下線部に入れてください。　Audio 08

腻 到 会 热 成 软 掉 开 好
在 匀 (yún 均等である、ムラがない)

（同じものを2回以上使うことがあります）

A: 爸爸，我饿了。

B: 爸爸给你做方便面吧。

A: 又是方便面？我吃 __ 了。

B: 那……，爸爸给你做咖喱饭吧！

A: 太好了！哎？你什么时候学 __ 做咖喱饭了？

B: 现在学啊！你看，"咖喱饭的做法"，

　　在网上一查就查 __ 了。

　　（爸爸一边念菜谱一边做）"……把油烧 __，

　　把切 __ 块儿的洋葱、土豆、胡萝卜和

肉炒一会儿，然后加水煮 __。……把火关 __，

把咖喱块掰 __，放 __ 锅里慢慢搅 __。……最后

把做 __ 的咖喱汁浇 __ 米饭上……"

A: 米饭？

B: 啊！爸爸忘了做米饭了！

A: お父さん、お腹すいたよ。
B: インスタントラーメンを作ってあげようか。
A: またインスタントラーメン？ もう飽きたよ。
B: じゃあ、カレーライスを作ってあげよう！
A: やったー！ あれ？ お父さんはいつカレーライスなんか作れるようになったの？
B: 今習えばいいよ！ ほら、「カレーライスの作り方」、ネットで調べればすぐ出てくるよ。
　（レシピを読みあげながら作る）「……油を熱して、切っておいた玉ねぎ、じゃがいも、にんじんとお肉をしばらく炒める。それから水を加えて柔らかくなるまで煮込む。……火を止めてから、カレールーを割って入れ、ゆっくりとよく混ぜます。……最後にできあがったカレーをご飯にかけて……」
A: ご飯？
B: あ～！ご飯を炊くのを忘れた！

結果補語の"在"と介詞の"在"

① 我把车停在路旁了。　　② 不要在路旁停车。
Wǒ bǎ chē tíngzài lùpáng le.　　Búyào zài lùpáng tíngchē.
わたしは車を道端に止めた。　　車を道端に止めてはいけない。

　以上の2つの「"在"＋場所」の部分は語順が同じですが、構造上に違いがあります。①の"在"は動詞"停"の結果補語です。"停在路旁"は"停"の位置（動作の到達点）を表しています。結果補語の"在"は「〜に」と訳すことが多いです。②の"在"は介詞で、"在路旁停车"は"停车"という動作が行われる場所（動作の範囲）を表します。介詞の"在"は「〜に」と訳したほうが自然な場合もありますが、「〜で」と訳すことが多いです。

結果補語　　　　　　　　　　介詞

動詞 ＋ 在 ＋ 場所　　　　　在 ＋ 場所 ＋ 動詞
　　　↓　　　　　　　　　　　　　↓
動作の到達点：「〜に」　　　動作の範囲：「〜で」

　このように、「"在"＋場所」の部分は同じでも、表す意味が違うので、「動詞＋結果補語＋場所」なのか、「介詞＋場所＋動詞」なのかをしっかり見分ける必要があります。また、以上の2つの例の"路旁"は「動作の範囲」と「動作の到達点」両方なりうるので、このように2とおりの言い方ができますが、場所が「範囲」か「到達点」のどちらかを1つしか表せない場合は、一通りの言い方しかできません。

動作の範囲しかありえない場合：

図書館で本を読む。　→　○在图书馆看书。　　×看书在图书馆
　　　　　　　　　　　　Zài túshūguǎn kàn shū.

動作の到達点しかありえない場合：

矢は的の中心に当たっている。　→　○箭射在靶心上。　×在靶心上射箭。
　　　　　　　　　　　　　　　　　Jiàn shèzài bǎxīn shang.

第2章

方向補語

▪1▪ 単純方向補語

1 単純方向補語の基本形

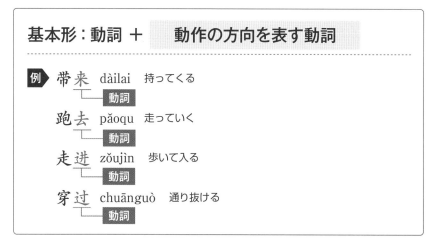

基本形：動詞 ＋ ┃ 動作の方向を表す動詞

例 帯来 dàilai 持ってくる
　　└ 動詞

　跑去 pǎoqu 走っていく
　　└ 動詞

　走进 zǒujìn 歩いて入る
　　└ 動詞

　穿过 chuānguò 通り抜ける
　　└ 動詞

　動詞の後ろに結びつき、その**動作の方向を表す補語を方向補語**と言います。以下の表で示した通り、方向補語の数は限られています。方向補語には**単純方向補語**（以下の表の網掛けの部分）と**複合方向補語**（網掛けでない）の2種類があります。ここではまず単純方向補語を勉強しましょう。

Aグループ	Bグループ						
	上 上がる	下 下りる	进 入る	出 出る	回 戻る	过 過ぎる	起 起きる
	Cグループ						
来 来る	上来 上がってくる	下来 下りてくる	进来 入ってくる	出来 出てくる	回来 戻ってくる	过来 過ぎてくる	起来 起き上がる
去 行く	上去 上がっていく	下去 下りていく	进去 入っていく	出去 出ていく	回去 戻っていく	过去 過ぎていく	

Aグループ …… （"来""去"）　　　Cグループ …… （複合方向補語）

Bグループ …… （"上""下""进""出""回""过""起"）

38

2 単純方向補語の用法

単純方向補語は前ページの表の網掛けの部分のAグループ（"来""去"）とBグループ（"上""下""进""出""回""过""起"）に分けることができます。

方向補語"来""去"は日本語の「〜てくる」「〜ていく」の意味と非常に似ているので、わかりやすいかと思いますが、動詞に目的語を伴う場合、語順が変わることがあるので、注意が必要です。

「動詞＋Bグループの方向補語」は一種の複合動詞と見なすことができ、方向性を表す結果補語とも言えます。例えば、日本語の「浮き上がる／浮上する」「落下する」「救出する」「撤回する」「通過する」「蜂起する」などの言葉と同じように思えば分かりやすいですね。その用法も基本的に結果補語と同じです。

なお、動作の方向性、例えば"-来（〜てくる）"なのか、"-去（〜ていく）"なのかは相対的であり、一定の基準点が必要です。多くの場合、この基準点は話者です。この点に関しても日本語の「〜てくる」「〜ていく」と同じです。

Aグループの単純方向補語"来"と"去"は軽声に発音します。Bグループの単純方向補語は一般的に元の声調に発音します。

- 来　〜てくる（動作が話し手に向かうことを表す）

❶ 爸爸回来了。
Bàba huílai le.
お父さんが帰ってきた。

❷ 这封信是谁寄来的？
Zhèi fēng xìn shì shéi jìlai de?
この手紙は誰から送ってきたの？

❸隔壁邻居送来（了）很多葡萄。

Gébì línjū sònglaile hěn duō pútao.

お隣さんがたくさんのブドウを送ってくれた。

❹张先生刚才打来（了）一个电话。

Zhāng xiānsheng gāngcái dǎlai(le) yí ge diànhuà.

さっき、張さんからたった今電話が掛かってきました。

①と②は目的語がない例で、③と④はそれぞれ"很多葡萄"、"一个电话"と目的語がある例です。**すでに動作が実現した場合、目的語を方向補語の後ろに置くのが一般的**です。注1）

また、目的語を伴う場合、"了"は省略されることがあります。

注1） 実際、"隔壁邻居送了很多葡萄来。""张先生刚才打了一个电话来。"のように、目的語を方向補語の前に置くこともできます。その場合、動詞の後ろの"了"は省略できません。（例：×"张先生刚才打一个电话来。"）

場所が目的語になる場合、**場所目的語は必ず動詞と方向補語の間に置きます**。

❺外面冷，进屋里来吧。

Wàimiàn lěng, jìnwū li lai ba.

外は寒いから、部屋の中へ入ってください。

また、**動作が未実現の場合も、目的語を動詞と方向補語の間に置きます。**この形の文は依頼・命令を表す場合がほとんどです。

❻麻烦您拿几个小碟子来。

Máfan nín ná jǐ ge xiǎo diézi lai.

すみませんが、小皿を何枚か持ってきてください。

- 去　〜ていく（動作が話し手から離れていくことを表す）

❶ 李老师已经回去了。
Lǐ lǎoshī yǐjīng huíqu le.
李先生はもう帰っていった。

❷ 这些苹果你拿去吧。
Zhèixiē píngguǒ nǐ náqu ba.
これらのリンゴを持っていって。

❸ 我给他寄去（了）很多吃的东西。
Wǒ gěi tā jìqu(le) hěn duō chī de dōngxi.
わたしは彼にたくさん食べ物を送ってあげた。

❹ 咱们出去散散步吧。
Zánmen chūqu sànsan bù ba.
わたしたちはちょっと外へ散歩に行きましょう。

"- 来" と同じ、目的語を伴う場合、方向補語の後ろの "了" は省略することもあります。また、語順の変化に関しても "- 来" と同じです。

場所が目的語になる場合、場所目的語は必ず動詞と方向補語の間に置きます。

❺ 他妻子回老家去了。
Tā qīzi huí lǎojiā qu le.
彼の奥さんは実家に帰っていった。

Aグループ（"来""去"）と比べて、Bグループ（"上""下""进""出""回""过""起"）の数は多いけれども、語順に関しては非常にシンプルです。結果補語と同様に一つの複合動詞と見なすことができ、目的語の語順は普通の動詞文と同じです。

- 上	下から上への移動を表す
- 下	上から下への移動を表す

❶ 小猫跳<u>上</u>了床。

Xiǎo māo tiàoshàngle chuáng.

子猫がベッドに飛び乗った。

❷ 太阳升<u>上</u>了天空。

Tàiyang shēngshàngle tiānkōng.

太陽が空に昇った。

❸ 她害羞地低<u>下</u>了头。

Tā hàixiū de dīxiàle tóu.

彼女は恥ずかしくて下を向いた。

❹ 他脱掉外衣就跳<u>下</u>了河。

Tā tuōdiào wàiyī jiù tiàoxiàle hé.

彼は上着を脱ぐと川に飛び込んだ。

❺ 服务员一直跑上跑<u>下</u>，忙得不得了。

Fúwùyuán yìzhí pǎoshàng pǎoxià, mángde bùdéliǎo.

店員がずっと走って上ったり下りたりで、ものすごく忙しそうだ。

比較してみよう

　“了”が方向補語の後ろに置かれる場合、その前の動詞が表す「動作の実現」を強調します。“了”は文末に置くこともできます。その場合、“了”の前の文全体が表す「事柄・状態の変化」を強調します。

他一口气爬上<u>了</u>山顶。

Tā yìkǒuqì páshàngle shāndǐng.

彼は一気に山頂まで登った。

（「一気に登り切った」という動作の実現）

大家都爬上山顶<u>了</u>。

Dàjiā dōu páshàng shāndǐng le.

みんな山頂まで登った。

（「全員山頂に到達した」という状態の変化）

-进	外から中に入ることを表す
-出	中から外へ出ることを表す

❶ 我把那些钱存<u>进</u>银行里了。

Wǒ bǎ nèixiē qián cúnjìn yínháng li le.

わたしはそのお金を銀行に預けた。

❷ 危险品不能带<u>进</u>机舱里。

Wēixiǎnpǐn bù néng dàijìn jīcāng li.

危険物は機内に持ち込んではいけない。

❸ 我从银行里取出五千块钱。

Wǒ cóng yínháng li qǔchū wǔqiān kuài qián.

わたしは銀行から五千元を引き出した。

❹ 火山口喷出了浓浓的白烟。

Huǒshānkǒu pēnchūle nóngnóng de bái yān.

噴火口から白い煙がもうもうと噴き出した。

- 回　元の場所に戻ることを表す

❶ 看完的书要放回原处。

Kànwán de shū yào fànghuí yuánchù.

本を読み終わったら元の場所に戻さなくてはいけない。

❷ 你怎么买回这么多啤酒？

Nǐ zěnme mǎihuí zhème duō píjiǔ?

どうしてそんなにたくさんビールを買ったの？

❸ 他投的稿子被退回过好几次。

Tā tóu de gǎozi bèi tuìhuíguo hǎojǐ cì.

彼の投稿は何回も返されたことがある。

- 过　通過する、向きを変えることを表す

❶ 他第一个跑过了终点。

Tā dì yī ge pǎoguòle zhōngdiǎn.

彼は一番にゴールを走り抜けた。

❷ 穿过这条胡同就到了。

Chuānguò zhèi tiáo hútòng jiù dào le.

この路地を通り抜けたらもう着きます。

❸ 她回过身向我挥了挥手。

Tā huíguò shēn xiàng wǒ huīle huī shǒu.

彼女は振り向いてわたしに手を振った。

①と②は通過する、通り抜けることを表します。③は向きを変えること
を表します。

- 起　　動きが上のほうに向かうことを表す

❶ 爸爸抱起孩子亲了一口。

Bàba bàoqǐ háizi qīnle yì kǒu.

お父さんは子どもを抱き上げてキスをした。

❷ 他拿起书包就急忙出门了。

Tā náqǐ shūbāo jiù jímáng chūmén le.

彼はカバンを持つと急いで出かけた。

❸ 举重运动员轻松地举起了杠铃。

Jǔzhòng yùndòngyuán qīngsōng de jǔqǐle gànglíng.

重量挙げの選手は軽々とバーベルを持ち上げた。

　方向補語 "- 起" と "- 上" はどちらも上のほうに向かう動作の移動を表しますが、用法に違いがあります。"- 起" は「起点からの上昇」を表し、後ろにものや人を表す目的語が取れます。一方、"- 上" は「着点への到達」を表し、場所目的語を伴うことが多いです。

天边升起了一轮红日。
Tiānbiān shēngqǐle yì lún hóng rì.
水平線から赤い太陽が昇り始めた。

　　✕　天边升上了一轮红日。

太阳升上了天空。
Tàiyang shēngshàngle tiānkōng.
太陽が空に昇った。

　　✕　太阳升起了天空。

方向補語？ それとも連動文？

　連動文とは、動詞や動詞フレーズが2つ以上続く文のことです。連動文の語順は、動作が実際に行われる順番で並べるのが原則です。

爸爸去上班了。
Bàba qù shàngbān le.
お父さんは仕事に行きました。

妈妈去买东西了。
Māma qù mǎi dōngxi le.
お母さんは買い物に行きました。

　しかし、口語では「～しに行く／来る」の意味を表す連動文は、変則的に"去／来"を後ろに置くことがあります。

爸爸上班去了。
Bàba shàngbān qù le.
お父さんは仕事に行きました。

妈妈买东西去了。
Māma mǎi dōngxi qù le.
お母さんは買い物に行きました。

我向你道歉来了。
Wǒ xiàng nǐ dàoqiàn lái le.
私はあなたにお詫びに来ました。

　以上の例文は見た目が「動詞＋方向補語」と似ていますが、連動文の一種ですので、注意が必要です。

音声を聞き、下線部に適切な中国語を入れてください。

❶ わたしは鍵をどぶに落としてしまった。

　我把钥匙＿＿＿水沟里了。

❷ 10番の選手がゴールをひとつ決めた。

　10 号球员＿＿＿了一个球。

❸ 風船はゆっくりと空に舞い上がった。

　气球缓缓地＿＿＿了天空。

❹ 子どもは一瞬のうちに木に登ってしまった。

　小孩儿一转眼就＿＿＿了树。

❺ 前にあるあの山を越えれば目的地に着きます。

　＿＿＿前面那座山就到目的地了。

❻ 彼は帰ってきてまもなくまた出かけた。

　他刚＿＿＿不一会儿又＿＿＿了。

❼ 彼は旗を高々と挙げて力いっぱい振っている。

　他高高地＿＿＿旗子使劲儿挥舞着。

❽ 彼は頭を上げて少し考え、また下を向いて書き出した。

　他＿＿＿＿想了一会儿，又＿＿＿＿接着写。

❾ 彼は自分がぶつかって倒してしまった人を抱え起こして、ひたすら謝った。

　他＿＿＿被自己撞倒的人，并不住地道歉。

❿ 彼は 2m50cm のバーを飛び越えて、世界記録を破った。

　他＿＿＿了两米五的横杆，打破了世界记录。

⓫ 彼は大急ぎで走って家に帰った。

他急匆匆地＿＿＿＿＿＿＿。

⓬ 彼女は悲しそうに涙を流した。

她伤心地＿＿＿＿＿＿＿＿。

⓭ 明日辞書を持ってくるのを忘れないように。

明天别＿＿＿＿＿＿＿＿＿。

⓮ ぐるぐる回ったあげくまた元の場所に戻ってしまった。

绕了半天又＿＿＿＿＿＿。

⓯ 飛行機はさっき富士山の上を通過した。

飞机刚才＿＿＿＿＿＿＿＿＿。

⓰ 彼はまた元の部門に戻された。

他又被＿＿＿＿＿＿＿＿＿＿＿。

⓱ 一人の親切な方が迷子になった弟を家まで送ってくれた。

一位好心人＿＿＿＿＿＿＿＿＿＿＿＿＿。

⓲ みなさん、グラスを挙げてください。我々の友情のために、乾杯！

各位，＿＿＿＿＿＿＿。为了我们的友情，干杯！

⓳ 隣の家の台所から焼き魚のおいしそうなにおいが漂ってきた。

从邻居家的厨房＿＿＿＿＿＿＿＿＿＿＿＿＿＿。

⓴ 他の生徒はもう教室に入ったのに、あなたはなぜ入らないのですか。

别的同学都＿＿＿＿＿＿，你怎么＿＿＿＿＿？

（　　）内の中国語を並べ替え、文を完成させてください。 Audio 12

❶ 王さんはもう家に帰りました。
（了　回　去　小王　已经　家）

❷ 早くここの店長を呼んできなさい！
（来　叫　的　店长　快　这儿）

❸ 彼は振り返ってわたしを見た。
（头　了　一眼　他　我　过　看　转）

❹ おじさんは大きいスイカを１つ買ってきた。
（大西瓜　一个　来　叔叔　买）

❺ 病人は突然血を吐いた。
（了　血　吐　一口　病人　出　突然）

❻ 山の上から大きな石が転がり落ちてきた。
（下　滚　从　一块　大石头　山上）

❼ 田中さんはもう日本に帰ってきた。
（了　回　田中先生　日本　来　已经）

❽ 彼はカバンからパソコンを取り出した。
（包儿里　取　一台　他　出　从　电脑）

❾ 警察は大声で叫んだ：「銃を捨てろ！」
（把　枪　放　下　大　喊　警察）

❿ 今日は大体何時に帰ってこられるの？
（大概　几点　能　回　你　来　今天）

＊音声は解答ページ p.193 を参照してください。

⓫ 妹は外で子猫を一匹拾ってきた。　（ 一只　外面　小猫　妹妹　回　捡　从 ）

⓬ 皆で一緒にけが人を病院に担ぎ込んだ。　（ 了　抬　把　伤员　进　大家　一起　医院 ）

⓭ 子どもは舌を出してあかんべえをした。　（ 舌头　鬼脸　了　出　个　小孩儿　伸　做 ）

⓮ ラジオから懐かしい歌が流れてきた。　（ 一首　来　熟悉的歌　里　从　传　收音机 ）

⓯ 李さんは先月もう北京に帰った。　（ 就　了　北京　上个月　已经　回　小李　去 ）

⓰ 王さんはわたしに1枚きれいなハガキを送ってくれた。　（ 明信片　一张　寄　我　漂亮的　给　来　小王 ）

⓱ お母さんがご飯だと呼んでいるよ、早く家に帰りなさい。　（ 吃饭　快　回　呢　去　叫　家　吧　你妈妈　你 ）

⓲ わたしは甘い物は食べません、このお菓子はあなたが持っていってください。　（ 我　这些点心　去　吃　吧　你　拿　甜食　不 ）

⓳ 彼はポケットからハンカチを取り出して汗を拭いた。　（ 汗　他　掏　手绢儿　兜儿里　出　擦了擦　从 ）

⓴ 消防士は火の海から子どもを1人救い出した。　（ 消防员　出　救　一个　火海里　了　小孩儿　从 ）

来　去　上　下　进　出　回　过　起

（同じものを2回以上使うことがあります）

　　在海外工作了两年，今天终于要回国了。为了

给家人一个惊喜，他没有通知回 __ 的时间，就飞 __

了北京。

　　走 __ 机场，那家乡的味道一下子钻 __ 了鼻孔。

那是一种温馨而让人觉得安心的味道。

　　出租车穿 __ 一条条熟悉的街道，停在了他家的

公寓楼下。他走 __ 楼梯，在家门口放 __ 行李，掏

__ 钥匙，轻轻地打开了房门。正在吃晚饭的妻子和

儿子突然看到他，高兴极了。儿子一边喊："爸爸回

＿了！"，一边兴奋地向他跑＿。他高高地抱＿儿子，

笑着亲吻着孩子的脸，眼中流＿了欢喜的热泪。

日本語訳

　２年間海外で勤務して、今日やっと帰国する。家族にサプライズをしようと思って、帰国の時間を教えないで北京へ飛んだ。

　空港を出ると、あの故郷の匂いがすぐ鼻に入り込んだ。温かくて、人を安心させる匂いだ。

　タクシーは数々の懐かしい通りを抜けて、家のマンションの下に停まった。階段を上り、玄関の前に荷物を降ろし、鍵を取り出してこっそりとドアを開けた。晩ご飯を食べていた妻と息子は、突然彼を見てとても喜んだ。息子は興奮して「お父さんが帰ってきた！」と叫びながら走ってきた。彼は息子を高々と抱え上げ、笑って子どもの顔にキスをした。思わず喜びの涙を流した。

▪ 2 ▪ 複合方向補語

Audio 14

1 複合方向補語の基本形

> 基本形：動詞 ＋ Ｃグループの動詞
>
> 例 拿进来　nájinlai　持って入ってくる
>
> 　穿过去　chuānguoqu　通り抜けていく
>
> 　站起来　zhànqilai　立ち上がってくる
>
> 　跑出去　pǎochuqu　走って出ていく

　Ａグループとｂグループの単純方向補語が組み合わさった2音節のものを動詞の後ろに結びつけ、**より詳しくその動作の方向性を表す**ことができます。以下のＣグループの部分が複合方向補語です。

Ａ グループ	Ｂグループ						
	上 上がる	下 下りる	进 入る	出 出る	回 戻る	过 過ぎる	起 起きる
	Ｃグループ						
来 来る	上来 上がってくる	下来 下りてくる	进来 入ってくる	出来 出てくる	回来 戻ってくる	过来 過ぎてくる	起来 起き上がる
去 行く	上去 上がっていく	下去 下りていく	进去 入っていく	出去 出ていく	回去 戻っていく	过去 過ぎていく	

Ａグループ …… （"来" "去"）

Ｂグループ …… （"上" "下" "进" "出" "回" "过" "起"）

Ｃグループ …… （複合方向補語）

2 複合方向補語の用法

「動詞＋Bグループの動詞」の組み合わせは、一種の複合動詞と考えられます。よって、以上の基本形は「(複合) 動詞＋Aグループ」、つまり「動詞＋"来 / 去"」と思えば、単純方向補語の用法とほとんど同じだと言えます。

単純方向補語と同様、動作の方向性が"−来 (〜てくる)"なのか、"−去 (〜ていく)"なのかは相対的であり、一定の基準点が必要です。多くの場合、この基準点は話者です。また、「動詞＋来 / 去」と同じように、目的語を取る場合、語順が変わることがあります。語順の変化規則は前回に学習したのと同じです。(→ *p.40*)

複合方向補語はすべて"来"か"去"が付くので、目的語の位置をしっかり確認しましょう。また、 複合方向補語は目的語を挟まない場合はすべて軽声で、目的語を挟む場合は"来"と"去"のみ軽声に発音します。

第2章 方向補語

- 上来　下から上へ移動し、基準点に近づいてくることを表す

- 上去　下から上へ移動し、基準点から遠ざかっていくことを表す

❶ 潜艇浮上来了。
Qiántǐng fúshanglai le.
潜水艦が浮かんできた。

❷ 海龟爬上岸来了。
Hǎiguī páshàng àn lai le.
海亀が岸に上がってきた。

❸ 直升飞机飞上去了。
Zhíshēng fēijī fēishangqu le.
ヘリコプターが昇っていった。

❹ 他们都爬上山顶去了。
Tāmen dōu páshàng shāndǐng qu le.
彼らはみな山頂に登っていった。

②と④のように、場所目的語は必ず動詞と方向補語"来／去"の前に置きます。

　一般目的語は"来／去"の前にも後ろにも置くことができます。

---

❺ 他钓<u>上来</u>一条大鱼。

Tā diàoshanglai yì tiáo dà yú.

彼は大きな魚を一匹釣り上げた。

他钓<u>上</u>一条大鱼<u>来</u>。

Tā diàoshàng yì tiáo dà yú lai.

彼は大きな魚を一匹釣り上げた。

　動作が未実現の場合、一般目的語は"来／去"の前にしか置けません。この形の文は依頼・命令を表す場合がほとんどで、使用頻度はあまり高くありません。

---

❻ 请大家拿<u>出</u>笔记本<u>来</u>。

Qǐng dàjiā náchū bǐjìběn lai.

みなさん、ノートを出してください。

　以下の複合方向補語が目的語を取る場合、語順の変化規則は上と同様です。

- 下来	下から上へ移動し、基準点に近づいてくることを表す
- 下去	下から上へ移動し、基準点から遠ざかっていくことを表す

❶ 你把钥匙给我<u>扔下来</u>。

Nǐ bǎ yàoshi gěi wǒ rēngxialai.

鍵を下に投げてよこして。

好，我给你<u>扔下去</u>，你接好。

Hǎo, wǒ gěi nǐ rēngxiaqu, nǐ jiēhǎo.

はい、投げるからちゃんと取ってね。

❷ 小孩儿从树上跳<u>下来</u>了。

Xiǎoháir cóng shù shang tiàoxialai le.

子どもが木の上から飛び降りた。

❸ 撞坏的船慢慢沉<u>下去</u>了。

Zhuànghuài de chuán mànmān chénxiaqu le.

衝突して壊れた船がゆっくりと沈んでいった。

❹ 他睡觉的时候滚<u>下</u>床<u>去</u>了。

Tā shuìjiào de shíhou gǔnxià chuáng qu le.

彼は寝ているときにベッドから転げ落ちた。

例④の "床" は場所なので、"去" の前に置きます。

| - 进来 | 外から中へ移動し、基準点に近づいてくることを表す |
| - 进去 | 外から中へ移動し、基準点から遠ざかっていくことを表す |

❶ 我帮你把行李搬<u>进来</u>吧。

Wǒ bāng nǐ bǎ xíngli bānjinlai ba.

荷物を中に運び込んであげましょう。

❷ 家里飞<u>进来</u>一只马蜂。

Jiā li fēijinlai yì zhī mǎfēng.

家の中にすずめ蜂が一匹飛び込んできた。

❸ 他又投了一次，可篮球还是没投<u>进去</u>。

Tā yòu tóule yí cì, kě lánqiú háishi méi tóujinqu.

彼はもう一度投げたが、バスケットボールはゴールに入らなかった。

❹ 蛇钻<u>进</u>草丛里<u>去</u>了。

Shé zuānjìn cǎocóng li qu le.

蛇が草むらの中に入っていった。

②の"一只马蜂"は一般目的語なので、"家里飞进一只马蜂来。"の語順も成り立ちます。また、"一只马蜂"を主語にして、"一只马蜂飞进家里来了。"と言うこともできます。その場合、例④と同様に文末に"了"が必要です。

| - 出来 | 中から外へ移動し、基準点に近づいてくることを表す |
| - 出去 | 中から外へ移動し、基準点から遠ざかっていくことを表す |

---

❶ 好不容易从拥挤的电车里挤<u>出来</u>了。
Hǎobù róngyì cóng yōngjǐ de diànchē li jǐchulai le.
なんとかぎゅうぎゅう詰めの電車から出られた。

❷ 从马路旁边突然跑<u>出来</u>一个小孩子。
Cóng mǎlù pángbiān tūrán pǎochulai yí ge xiǎoháizi.
道路の脇から突然子どもが一人飛び出してきた。

❸ 我把客人送<u>出去</u>了。
Wǒ bǎ kèren sòngchuqu le.
お客さんを外まで見送った。

- 回来	別の場所から元の場所へ移動し、基準点に近づいてくることを表す
- 回去	別の場所から元の場所へ移動し、基準点から遠ざかっていくことを表す

❶ 我把孩子从幼儿园接<u>回来</u>了。
Wǒ bǎ háizi cóng yòu'éryuán jiēhuilai le.
わたしは子どもを幼稚園から連れて帰ってきた。

❷ 她哭着跑<u>回</u>家<u>来</u>了。
Tā kūzhe pǎohuí jiā lai le.
彼女は泣きながら家に走って帰ってきた。

❸ 没有末班车了，咱们走<u>回去</u>吧。
Méiyou mòbānchē le, zánmen zǒuhuiqu ba.
終電はもうないから、歩いて帰ろう。

❹ 我开车把朋友送<u>回</u>家<u>去</u>了。
Wǒ kāichē bǎ péngyou sònghuí jiā qu le.
わたしは車で友だちを家に送った。

②と④の場所目的語 "家" は必ず "来 / 去" の前に置きます。

- 过来	基準点に向かって近づいたり、向きを基準点の方向へ変えたりすることを表す
- 过去	基準点から遠ざかっていったり、向きを基準点の反対方向へ変えたりすることを表す

❶ 麻烦你把那份资料给我<u>递过来</u>。
Máfan nǐ bǎ nèi fèn zīliào gěi wǒ dìguolai.
あの資料を渡してもらえますか。

❷ 他回<u>过</u>头<u>来</u>瞪了我一眼。
Tā huíguò tóu lai dèngle wǒ yì yǎn.
彼は後ろを振り向いてわたしを睨んだ。

❸ 一道流星划过天空去了。

Yí dào liúxīng huáguò tiānkōng qu le.

流星が一筋空にかかった。

❹ 她生气地转过脸去，一直不理我。

Tā shēngqì de zhuǎnguò liǎn qu, yìzhí bù lǐ wǒ.

彼女は怒って顔を背け、ずっと口を聞いてくれない。

　例②と④は、基準点に対して向きを変えることを表します。"回头（振り向く）""转脸（顔を背ける）"のような動詞と目的語が固定したフレーズになっている場合、目的語は普通"来／去"の前に置きます。

- 起来　動きが上のほうに向かうことを表す

❶ 孩子高兴地跳起来了。

Háizi gāoxìng de tiàoqilai le.

子どもは嬉しくて飛び上がった。

❷ 在哪儿跌倒了就在哪儿爬起来。

Zài nǎr diēdǎole jiù zài nǎr páqilai.

転んだらそこで起き上がれ。

❸ 大家都站起来热烈地鼓掌。

Dàjiā dōu zhànqilai rèliè de gǔzhǎng.

みな立ち上がって嵐のような拍手を送った。

❹ 举起手来！

Jǔqǐ shǒu lai!

手を上げろ！

"‐起去"の形の方向補語はありません。

動きが<u>上</u>のほうに向かうことを表すには、"‐起来"と単純方向補語"‐起"の意味は同じですが、"‐起"は目的語を取らないで文を終えることは普通できません。

×太阳升起了。

○ **太阳**升<u>起来</u>了。
Tàiyang shēngqilai le.
太陽が昇った。

"‐起"だけでなく、単純方向補語"‐上""‐下""‐进""‐出""‐回""‐过"もほとんどの場合、目的語を伴う必要があります（"你坐下。[座りなさい]"など、ごく一部の例外があります）。目的語を伴わない場合は、"来／去"をつけて表現するのが一般的です。

×老师走进了。

○ **老师**<u>走进</u>**教室**<u>来</u>了。
Lǎoshī zǒujìn jiàoshì lai le.
先生が教室に（歩いて）入ってきた。

○ **老师**<u>走进来</u>了。
Lǎoshī zǒujinlai le.
先生が（歩いて）入ってきた。

■ 方向補語と"了"の使用について Audio 16

　動作や行為の完了を表すにはよくアスペクト助詞"了"が登場します。しかし、方向補語が用いられる文は、"了"を使わなくても「完了・実現」の意味が表せることがあります。

---

❶ 家里飞进（了）一只小鸟。
Jiā li fēijìn(le) yì zhī xiǎo niǎo.
家の中に1羽の小鳥が飛び込んできた。

❷ 对面跑过来（了）几个小孩子。
Duìmiàn pǎoguolai(le) jǐ ge xiǎo háizi.
向こうから何人かの子どもが走ってきた。

　以上の例文のように、動詞に一般目的語を伴う場合、"了"を使わなくても方向補語によって動作の発生や実現を表せます。これに関しては、結果補語も同じ効果があります。

---

❶ 我拍死（了）一只蚊子。
Wǒ pāisǐ(le) yì zhī wénzi.
わたしは1匹の蚊を叩き潰した。

❷ 我听见（了）有人说话的声音。
Wǒ tīngjiàn(le) yǒu rén shuōhuà de shēngyīn.
人が話す声が聞こえた。

　動詞に場所目的語を伴う場合、文末に"了"をつけないと完結した文になりにくいです。

❶ 海龟爬上岸来了。

Hǎiguī páshàng àn lai le.

海亀が岸に上がってきた。

❷ 他们都爬上山顶去了。

Tāmen dōu páshàng shāndǐng qu le.

彼らは皆山頂に登っていった。

　動詞に目的語を伴わない場合、"了"が必要です。その位置は方向補語の前にも後ろにも置くことができ意味の差はありません。

❶ 潜艇浮上来了。

Qiántǐng fúshanglai le.

潜水艦が浮かんできた。

＝潜艇浮了上来。

Qiántǐng fúle shanglai.

❷ 直升飞机飞上去了。

Zhíshēng fēijī fēishangqu le.

ヘリコプターが昇っていった。

＝直升飞机飞了上去。

Zhíshēng fēijī fēile shangqu.

音声を聞き、下線部に適切な中国語を入れてください。

❶ おばあちゃんは大変そうにベッドから起きあがった。

奶奶吃力地从床上_____了。

❷ 皆で彼を川から引っ張り上げた。

大家把他从河里_____了。

❸ お父さんは子どもを高々と持ち上げた。

爸爸把孩子高高地_____了。

❹ りんごが一つ木から落ちた。

一个苹果从树上_____了。

❺ 逃げた犯人はまた捕まった。

逃出去的犯人又被_____了。

❻ わたしは転んだ子どもを支え起こした。

我把跌倒的小孩儿_____了。

❼ 店の主人はやんちゃな子どもたちを外に追い出した。

店主人把调皮的小孩子们_____了。

❽ 数人で一緒にあの大きな石を持ち上げた。

几个人一起把那块大石头_____了。

❾ わたしは彼らが一緒にホテルに入っていったのを見た。

我看见他们俩一起_____了。

❿ 救援スタッフは怪我した登山者を山から運んできた。

救援人员把受伤的登山者_____了。

⓫ ベランダに干した衣類が風で飛んで行ってしまった。

晾在阳台上的衣服＿＿＿＿＿＿＿＿了。

⓬ 何頭かのクジラが海岸に打ち上げられた。

几只鲸鱼被＿＿＿＿＿＿＿＿了。

⓭ 彼はうっかり梯子から落ちてしまった。

他不小心＿＿＿＿＿＿＿＿了。

⓮ 彼女は泣きながら指輪を海に投げた。

她哭着把戒指＿＿＿＿＿＿＿＿了。

⓯ 娘は怒って自分の部屋に駆け込んだ。

女儿生气地＿＿＿＿＿＿＿＿了。

⓰ 彼は怒って立ち上がり、会場を出て行った。

他生气地＿＿＿＿＿＿，＿＿＿＿＿＿了。

⓱ どうしてあなたのお酒をわたしのコップに入れるのですか。

你怎么把你的酒＿＿＿＿＿＿＿＿了？

⓲ 子どもたちはボールを蹴って隣の家の庭に入れてしまった。

孩子们把球＿＿＿＿＿＿＿＿了。

⓳ ダイバーは浮かんできて少し休んで、また潜って行った。

潜水员＿＿＿＿休息了一会儿，又＿＿＿＿了。

⓴ 彼は床に落ちたピーナッツを拾ってふっと吹き、口の中に入れた。

他把掉在地上的花生＿＿＿＿＿＿，＿＿＿＿＿＿了。

（　　）内の中国語を並べ替え、文を完成させてください。 Audio 18

❶ 彼は預金を全部おろした。

（ 都　取出　来　存款　了　他　把 ）

❷ 読み終わった本は本棚に戻してください。

（ 的　去　书　书架　放回　请　看完 ）

❸ 彼は実家に引っ越すらしい。

（ 要　搬回　了　老家　听说　去　他 ）

❹ タクシーがわたしのそばを通り過ぎた。

（ 开过　身边　去　从　了　我　出租车 ）

❺ ここから川に飛び降りる勇気はありますか。

（ 敢　从　这里　跳下　吗　去　河　你 ）

❻ 子どもたちは喜んで走って家に帰った。

（ 家里　地　来　高兴　孩子们　了　跑回 ）

❼ 賛成の方は手をあげてください。

（ 来　人　举起　把　的　手　同意　请 ）

❽ 財布がポケットから落ちた。

（ 了　掉出　钱包　从　衣兜里　来 ）

❾ ファクスで送ってもらってもいいですか。

（ 你　好　吗　传真　发过　来　用　请 ）

❿ 溺れた子どもが救い上げられた。

（ 救上　了　来　被　溺水　儿童　的 ）

＊音声は解答ページ p.196 を参照してください。

⑪ 彼は地面から箱を一つ掘り出した。 　（ 来　地里　他　一个箱子　挖出　从 ）

⑫ この箱を2階に運んでいってください。 　（ 二楼　去　这个箱子　请　抬上　把 ）

⑬ 数日前にいなくなった猫が見つかった。 　（ 小猫　来　了　找回　的　走丢　前几天 ）

⑭ 10時になって、彼はやっと布団から出てきた。 　（ 十点　他　被窝儿　来　爬出　了　才 ）

⑮ 彼は財布から100元を取り出した。 　（ 他　拿出　钱包里　一百块钱　来　从 ）

⑯ 友だちに貸したお金がいつまでたっても戻ってこない。 　（ 还回　没　来　朋友　钱　的　借给　一直 ）

⑰ 鍵はこの穴から落としたかもしれない。 　（ 这个洞　的　去　是　掉出　从　可能　钥匙 ）

⑱ こんなゴミみたいな物を拾ってきてどうするつもりだ。 　（ 东西　破烂　来　这些　拣回　干什么　你 ）

⑲ どうしてまだ図書館の本を返していないのですか。 　（ 去　图书馆的书　把　还没　怎么　你　还回 ）

⑳ 可燃ゴミは緑色のゴミ箱に捨てなくてはいけない。 　（ 扔进　绿色的垃圾桶　里　去　可燃垃圾　要 ）

適切な方向補語を選んで、下線部に入れてください。 | Audio 19

> 下来　下去　　上去　　出来　　出去　　回来
> 过来　起来

(同じものを2回以上使うことがあります)

　　　这是我第一次玩儿蹦极。我颤颤巍巍地站在悬

崖顶上，紧张得心都快跳 ＿＿＿ 了。我稍稍伸 ＿ 头

＿ 看了一眼脚下，就吓得马上把头缩了 ＿＿＿。"太

可怕了！还是算了吧。"正这样想着，一位工作人员

走 ＿＿＿ 拍了拍我的肩膀，说："鼓 ＿ 勇气 ＿！你

一定行的！"说完，就两手把我使劲推了 ＿＿＿。

……离地面越来越近，可我突然发现身上竟然没有

系保险绳！我大喊一声，一下子从噩梦中惊醒了。

我用手擦了擦额头上冒 ＿＿＿ 的冷汗，看看四周，才

发现自己从床上掉 ＿＿＿ 了。

我爬 ＿ 床 ＿ 想继续睡，却怎么也睡不着了。

日本語訳

　バンジージャンプをするのは初めてだ。震えながら崖の上に立つと、緊張で心臓が飛び出しそうだった。ほんの少し頭を出して足元を見たが、怖くてすぐに頭を引っ込めた。「怖すぎる、やっぱりやめよう」と思ったそのとき、スタッフが歩いてきてわたしの肩をたたいてこう言った。「勇気を出して下さい。絶対大丈夫です」。言い終わると両手で力いっぱいわたしを突き落とした。

　地面がどんどん近づいてきて、突然体にロープを結んでいないことに気づいた。大声を出した拍子に悪夢から目が覚めた。おでこの冷や汗を拭って周りを見ると、ベッドから落ちたことに気づいた。もう一度ベッドに登り眠ろうとしたが、どうしても寝付けなかった。

⊡ 3 ⊡ 方向補語の派生義

Audio 20

　方向補語には、具体的な動作の方向性を表すほか、**本来の意味から派生した抽象的な意味を表すもの**も多くあります。

　方向補語の派生義は日常的によく使われます。派生義の用法は非常に豊富で複雑ですが、活用できるようになれば、中国語の表現力が格段に上がります。

　すべての方向補語に派生義が生じているわけではありません。以下の表で網掛けの部分が派生義があるものです。そのほかは派生義がないか、使用頻度が非常に低いものです。

A グループ	Bグループ						
	上 上がる	下 下りる	进 入る	出 出る	回 戻る	过 過ぎる	起 起きる
	Cグループ						
来 来る	上来 上がってくる	下来 下りてくる	进来 入って来る	出来 出てくる	回来 戻ってくる	过来 過ぎてくる	起来 起き上がる
去 行く	上去 上がっていく	下去 下りていく	进去 入っていく	出去 出ていく	回去 戻っていく	过去 過ぎていく	

　以下一つずつ詳しく見ていきましょう。

- 上 　(1)合わさる、付着を表す

❶ 把窗户关上吧。
Bǎ chuānghu guānshàng ba.
窓を閉めよう。

❷ 她吓得把眼睛闭上了。
Tā xiàde bǎ yǎnjing bìshàng le.
彼女は怖くて目を閉じた。

❸ 外面冷，出去要戴上帽子和手套。
Wàimiàn lěng, chūqu yào dàishàng màozi hé shǒutào.
外は寒いから、出かけるとき帽子と手袋をしなさい。

❹ 请在这里填上您的电话号码。
Qǐng zài zhèli tiánshàng nín de diànhuà hàomǎ.
ここに電話番号を記入してください。

①と②はそれぞれ「窓」と「まぶた」が合わさることを表し、③と④は「付着、追加」の意味を表します。

- 上 　(2)目標の達成

❶ 他考上了全国最有名的大学。
Tā kǎoshàngle quánguó zuì yǒumíng de dàxué.
彼は全国で一番有名な大学に受かった。

❷ 我好不容易才订上了机票。
Wǒ hǎobù róngyì cái dìngshàngle jīpiào.
わたしはやっとのことで航空券を取れた。

❸ 房子的贷款终于还上了。
Fángzi de dàikuǎn zhōngyú huánshàng le.
家のローンはやっと完済した。

❹ 你还没交上女朋友吗？

Nǐ hái méi jiāoshàng nǚpéngyou ma?

君はまだ彼女ができないの？

- 上 ⑶動作・状態の開始とその持続

❶ 我深深地爱上她了。

Wǒ shēnshēn de àishàng tā le.

僕は彼女のことを深く愛してしまった。

❷ 他最近迷上高尔夫球了。

Tā zuìjìn míshàng gāo'ěrfūqiú le.

彼は最近ゴルフにはまった。

❸ 刚清闲了几天就又忙上了。

Gāng qīngxiánle jǐ tiān jiù yòu mángshàng le.

数日のんびりしただけでまた忙しくなった。

❹ 你怎么又玩儿上游戏了？ 作业做完了吗？

Nǐ zěnme yòu wánrshàng yóuxì le? Zuòyè zuòwán le ma?

なんでまたゲームをやり始めたの？ 宿題は終わったの？

- 上来 ⑴下から上への抽象的な移動を表す
- 上去

（"-上来" は「基準点に近づく」ニュアンスを、"-上去" は「基準点から遠ざかる」ニュアンスを表します）

❶ 把证人传上法庭来。

Bǎ zhèngrén chuánshàng fǎtíng lai.

証人を法廷に召喚してください。

❷ 我一定要把那个坏家伙送上法庭去。

Wǒ yídìng yào bǎ nèige huài jiāhuo sòngshàng fǎtíng qu.

必ずあいつを法廷に送り込んでやる。

❸ 服务员把烤鸭端<u>上来</u>了。

Fúwùyuán bǎ kǎoyā duānshanglai le.

店員が北京ダックを運んできた。

❹ 那个问题只有她一个人答<u>上来</u>了。

Nèige wèntí zhǐ yǒu tā yí ge rén dáshanglai le.

あの問題に答えられたのは彼女ひとりだけだった。

❺ 一定要把产品质量抓<u>上去</u>。

Yídìng yào bǎ chǎnpǐn zhìliàng zhuāshangqu.

どうしても製品の品質を上げなければならない。

①～③の派生義は、法廷やお客様側が上の地位である、という一般認識によるものです。④の "答上来" は「心にある答えが口から出てくる」という抽象的な方向性を表します。⑤の "抓上去"「品質の向上」の意味を表します。

- 上来
- 上去

⑵接近を表す

（"- 上来" は「基準点に近づく」ニュアンスを、"- 上去" は「基準点から遠ざかる」ニュアンスを表します）

❶ 敌人围<u>上来</u>了。

Dírén wéishanglai le.

敵が周りを囲んで来た。

❷ 我迎<u>上去</u>，跟他握了握手。

Wǒ yíngshangqu, gēn tā wòle wò shǒu.

わたしは近づいていき彼と握手をした。

－下　(1)分離を表す

❶ 儿子放下书包就出去玩儿了。

　Érzi fàngxià shūbāo jiù chūqu wánr le.

　息子はランドセルを下ろすとすぐに遊びに出かけていった。

❷ 他脱下大衣，挂在衣架上了。

　Tā tuōxià dàyī, guàzài yījià shang le.

　彼は服を脱ぐと、ハンガーに掛けた。

❸ 她在路边摘下一朵野花。

　Tā zài lùbiān zhāixià yì duǒ yěhuā.

　彼女は道端で野花を1本摘んだ。

❹ 我姐姐生下一对双胞胎。

　Wǒ jiějie shēngxià yí duì shuāngbāotāi.

　わたしの姉は双子を産んだ。

　分離の意味を表すには"－下来／－下去"を使うこともあります。"－下"は目的語を取ることが多いのに対して、"－下来／－下去"は後ろに目的語を取らないで使うことが多いです。

❺ 他摘下了口罩。

　Tā zhāixiàle kǒuzhào.

　彼はマスクを外した。

❻ 他把口罩摘下来了。

　Tā bǎ kǒuzhào zhāixialai le.

　彼はマスクを外した。

- 下　⑵定着・残存を表す

① 他停**下**车，向我招了招手。

Tā tíngxià chē, xiàng wǒ zhāole zhāo shǒu.

彼は車を停めて、わたしに向かって手を振った。

② 定**下**出差日期以后才能订机票。

Dìngxià chūchāi rìqī yǐhòu cái néng dìng jīpiào.

出張の日程が決まらないと航空券の予約ができない。

③ 你安**下**心好好儿休养吧。

Nǐ ānxià xīn hǎohāor xiūyǎng ba.

安心してよく休んでください。

④ 他给我留**下**的第一印象不太好。

Tā gěi wǒ liúxià de dì yī yìnxiàng bú tài hǎo.

彼がわたしに残した第一印象はあまりよくなかった。

　定着・残存を表すには、"- 下来"を使うことも多いです（"- 下去"は
あまり使いません）。"- 下"は目的語を取ることが多いのに対して、"- 下来"
は後ろに目的語を取らないで使うことが多いです。

⑤ 你记**下**我的电话号码了吗?

Nǐ jìxià wǒ de diànhuà hàomǎ le ma?

わたしの電話番号を控えましたか？

⑥ 我把肇事车的车牌号码记**下来**了。

Wǒ bǎ zhàoshìchē de chēpái hàomǎ jìxialai le.

わたしは事故を起こした車のナンバーを控えた。

- 下　(3)収納を表す

❶ 这辆车能坐下七个人。
Zhèi liàng chē néng zuòxià qī ge rén.
この車は 7 人座れる。

❷ 这么大的电视，咱们家的客厅能摆下吗？
Zhème dà de diànshì, zánmen jiā de kètīng néng bǎixià ma?
こんなに大きなテレビ、うちのリビングに置けるかな。

❸ 东西太多，一个包儿装不下。
Dōngxi tài duō, yí ge bāor zhuāngbuxià.
物が多すぎて、一つのバッグには入り切らない。

❹ 这张床两个人睡不下。
Zhèi zhāng chuáng liǎng ge rén shuìbuxià.
このベッドでは 2 人は寝られない。

　収納できるかどうかを表すには可能補語（→ _p.92_ ～）で表現すること
が多いです。肯定形は「"能" ＋動詞＋ "下"」の形で表現できますが、**否
定形は「"不能" ＋動詞＋ "下"」で言えず、可能補語でしか表現できま
せん。**（例③、例④）

- 下来　(1)上から下への抽象的な移動を表す。
- 下去
　　　("- 下来" は「基準点に近づく」ニュアンスを、"- 下去" は「基準点から遠ざかる」ニュアンスを表します)

❶ 吃了药以后，他的血压降下来了。
Chīle yào yǐhòu, tā de xuèyā jiàngxialai le.
薬を飲んだら彼の血圧は下がってきた。

❷ 1 号球员表现不佳，教练把他换下来了。
Yī hào qiúyuán biǎoxiàn bù jiā, jiàoliàn bǎ tā huànxialai le.
背番号 1 番の選手は調子が悪いので、コーチは交代させた。

❸ 请把这些盘子撤<u>下去</u>吧。

Qǐng bǎ zhèixiē pánzi chèxiaqu ba.

これらのお皿を下げてください。

❹ 10号球员因犯规被罚<u>下场去</u>了。

Shí hào qiúyuán yīn fànguī bèi fáxià chǎng qu le.

背番号１０番の選手は反則で退場させられた。

④の"场"は場所なので、"去"の前に置きます。

- 下来
下去

(2)継続を表す

（"-下来"は過去から現在まで「～し続けてきた」ことを表し、
"-下去"は現在から未来へ「～し続けていく」ことを表します）

❶ 这幅字画是祖先传<u>下来</u>的，我会好好儿保存<u>下去</u>。

Zhèi fú zìhuà shì zǔxiān chuánxialai de, wǒ huì hǎohāor bǎocúnxiaqu.

この掛け軸は先祖からの伝わるものだ。大事に
保存していきたい。

❷ 虽然很辛苦，可他还是坚持<u>下来</u>了。

Suīrán hěn xīnkǔ, kě tā háishi jiānchíxialai le.

とてもたいへんだったが、彼はなんとか頑張ってきた。

❸ 汉语很难，但我今后也要学习<u>下去</u>。

Hànyǔ hěn nán, dàn wǒ jīnhòu yě yào xuéxíxiaqu.

中国語は難しいが、わたしはこれからも勉強を続ける。

❹ 你不能再这样错<u>下去</u>了。

Nǐ bù néng zài zhèyàng cuòxiaqu le.

これ以上間違いを続けてはいけないよ。

- 出（来） 出現・発見・識別を表す

❶ 我想出了一个好办法！

Wǒ xiǎngchūle yí ge hǎo bànfǎ！

よい方法を思いついた。

❷ 市民投票选出了新的市长。

Shìmín tóupiào xuǎnchūle xīn de shìzhǎng.

市民の投票で新しい市長が選ばれた。

❸ 啤酒的好坏，你能喝出来吗？

Píjiǔ de hǎo huài, nǐ néng hēchulai ma?

あなたはビールの味の良し悪しが飲んでわかる？

❹ 我听出来了，这是小李的声音吧。

Wǒ tīngchulai le, zhè shì Xiǎo Lǐ de shēngyīn ba.

わかった、これは李さんの声でしょう。

❺ 这饺子是什么馅儿的，你能吃出来吗？

Zhè jiǎozi shì shénme xiànr de, nǐ néng chīchulai ma?

この餃子の餡は何か、食べてわかりますか。

❻ 你怎么瘦了这么多？ 我都快认不出来了。

Nǐ zěnme shòule zhème duō? Wǒ dōu kuài rènbuchūlái le.

どうしてそんなに痩せちゃったの？ 君だとわからなかったよ。

　"- 出"と"- 出来"が表す意味は同じですが、"- 出"は**目的語を伴う必要がある点**について、"- 出来"と異なります。

　「識別できる」は「"能"＋動詞＋"出（来）"」の形で表現できますが（例③、⑤）、「識別できない」を表すには可能補語（→ p.92 〜）の形で言わなければいけません（例⑥）。

- 过 超過を表す

❶ 这次考试很简单，大家都考过了。
Zhèi cì kǎoshì hěn jiǎndān, dàjiā dōu kǎoguò le.
今回の試験は簡単だったので、みんな合格した。

❷ 你以为你能骗过我吗?
Nǐ yǐwéi nǐ néng piànguò wǒ ma?
わたしを騙し通せると思っているの?

❸ 今天早上睡过了，迟到了半个小时。
Jīntiān zǎoshang shuìguò le, chídàole bàn ge xiǎoshí.
今朝寝過ごしてしまい、30分遅刻した。

❹ 我看书看得入了迷，结果坐过站了。
Wǒ kàn shū kànde rùle mí, jiéguǒ zuòguò zhàn le.
本を読むのに夢中になって、乗り過ごしてしまった。

　経験（～したことがある）を表すアスペクト助詞 "过 guo" と形が同じなので、注意が必要です。

我考过两次托福考试。
Wǒ kǎoguo liǎng cì Tuōfú kǎoshì.
わたしは2回 TOEFL の試験を受けたことがある。

- 过来
- 过去　　⑴ (ある時期や場面が) 過ぎることを表す。

❶ 那段苦日子终于熬过来了。
Nèi duàn kǔ rìzi zhōngyú áoguolai le.
このたいへんな時期をやっと乗り越えた。

❷ 尽管压力非常大，他还是<u>挺过来</u>了。

Jǐnguǎn yālì fēicháng dà, tā háishi tǐngguolai le.

プレッシャーが非常に大きかったが、彼はなんとか耐え抜いた。

❸ 他勉强把记者<u>应付过去</u>了。

Tā miǎnqiǎng bǎ jìzhě yīngfuguoqu le.

彼はなんとか記者をうまくごまかした。

❹ 检查很严格，很难<u>混过去</u>。

Jiǎnchá hěn yángé, hěn nán hùnguoqu.

検査は厳格なので、ごまかして通ることは難しい。

　この用法の"-过来"と"-过去"が表す意味は大差ありません。例①と②は"-过去"と言い換えることもできます。例③と④は「過ぎていく」というニュアンスが強いので、"-过来"と言い換えられません。

- 过来
- 过去　⑵正常の状態に戻る / 正常な状態を失うことを表す

❶ 他昏迷了三天三夜，终于<u>醒过来</u>了。

Tā hūnmíle sān tiān sān yè, zhōngyú xǐngguolai le.

彼は三日三晩昏睡して、やっと目を覚ました。

❷ 她气得<u>昏过去</u>了。

Tā qìde hūnguoqu le.

彼女は怒りのあまり気絶した。

❸ 我已经把错误<u>改过来</u>了。

Wǒ yǐjīng bǎ cuòwù gǎiguolai le.

わたしはすでに間違いを直した。

❹ 老师又讲了一遍，我才明白过来。

Lǎoshī yòu jiǎngle yí biàn, wǒ cái míngbaiguolai.

先生がもう一度説明してくれたので、やっとわかった。

「正常な状態に戻ること」はいろいろあげられますが、「正常な状態を失うこと」の表現は"昏过去"、"晕过去"などに限られています。

- 起（来） (1)まとまる・収束を表す

❶ 快把你的玩具收拾起来。

Kuài bǎ nǐ de wánjù shōushiqilai.

早くおもちゃを片付けなさい。

❷ 各种费用加起来一共是多少？

Gè zhǒng fèiyòng jiāqilai yígòng shì duōshao?

各種費用を合わせて全部でいくらですか。

❸ 大家要团结起来！

Dàjiā yào tuánjiéqilai!

みんなで団結しましょう。

❹ 老师收起考卷，走出了教室。

Lǎoshī shōuqǐ kǎojuàn, zǒuchūle jiàoshì.

先生は答案を集めると教室から出ていった。

まとまる・収束を表すには"-起来"を使うことが多いです。"-起"を使う場合、後ろに目的語が必要です。

- 起（来） ⑵〜しだす・取り掛かること表す

❶ 她们一聊起来就没完没了。
Tāmen yì liáoqilai jiù méi wán méi liǎo.
彼女たちがおしゃべりし出すと止まらない。

❷ 大家跟着音乐打起拍子来了。
Dàjiā gēnzhe yīnyuè dǎqǐ pāizi lai le.
みんな音楽に合わせて手拍子を打ち始めた。

❸ 保护环境，从我做起。
Bǎohù huánjìng, cóng wǒ zuòqǐ.
環境保護は、まず自分から。

❹ 事情很复杂，不知道该从哪儿说起才好。
Shìqing hěn fùzá, bù zhīdào gāi cóng nǎr shuōqǐ cái hǎo.
事情が複雑で、どこから話し始めれば良いかわからない。

❺ 突然下起雨来了。
Túrán xiàqǐ yǔ lai le.
急に雨が降り出した。

❻ 凉快了几天，最近又热起来了。
Liángkuaile jǐ tiān, zuìjìn yòu rèqilai le.
数日涼しかったけど、最近また暑くなってきた。

③と④のように、"从〜起"は決まり文句で、後ろに目的語を伴わなくても文が成立します。

- 起 (来) (3)〜してみると

① 这个主意听<u>起来</u>不错。

Zhèige zhǔyi tīngqilai búcuò.

このアイデアは聞いた感じよさそうだ。

② 她看<u>起来</u>最多三十岁。

Tā kànqilai zuìduō sānshí suì.

彼女は見たところ、せいぜい３０歳だ。

③ 这个菜吃<u>起来</u>有点儿辣，可是味道很好。

Zhèige cài chīqilai yǒudiǎnr là, kěshì wèidào hěn hǎo.

この料理は食べると少し辛いが、味はよい。

④ 说<u>起来</u>容易，做<u>起来</u>难。

Shuōqilai róngyì, zuòqilai nán.

言うのは簡単だが、やってみると難しい。

⑤ 我感觉这句话读<u>起来</u>不太自然。

Wǒ gǎnjué zhèi jù huà dúqilai bú tài zìrán.

この文を読んでいてちょっと不自然な感じがする。

⑥ 说<u>起</u>北京，很多人都会想到万里长城。

Shuōqǐ Běijīng, hěn duō rén dōu huì xiǎngdào Wànlǐ

Chángchéng.

北京と言えば、万里の長城が思い浮かぶ人が多いでしょう。

音声を聞き、下線部に適切な中国語を入れてください。 Audio 21

---

① 彼はコートを着て出かけた。

他＿＿＿大衣出了门。

---

② 彼女はついにこらえきれず笑い出した。

她终于忍不住＿＿＿＿＿了。

---

③ わたしはやっと自分の車を持てた。

我终于＿＿＿了自己的车。

---

④ あのテレビ番組は録画しました。

那个电视节目我＿＿＿＿＿了。

---

⑤ わたしは３０歳を超えてから太り始めた。

我过了三十岁就＿＿＿＿＿了。

---

⑥ 彼は革靴を脱いでスリッパに履き替えた。

他＿＿＿皮鞋，＿＿＿了拖鞋。

---

⑦ 臭豆腐（チョウドウフ）は匂いは臭いが、食べると美味しい。

臭豆腐＿＿＿＿＿臭，＿＿＿＿＿香。

---

⑧ 気絶していた病人は、応急処置を受けて息を吹き返した。

＿＿＿＿＿的病人被＿＿＿＿＿了。

---

⑨ 横浜と言えば、みな中華街を連想するでしょう。

＿＿＿横滨，大家都会想到中华街。

---

⑩ 彼は長年蓄積して来た教育の経験を１冊の本にした。

他把多年＿＿＿＿＿的教学经验写成了一本书。

84

⑪ 犯人の顔は監視カメラに撮られていた。

犯人的脸被监控摄像头＿＿＿＿了。

⑫ 料理を頼み過ぎて、たくさん残してしまった。

点的菜太多了，结果＿＿＿＿＿＿。

⑬ 話をするのに程合いが大切だ、言い過ぎてはいけない。

说话要注意分寸，＿＿＿＿＿＿。

⑭ 彼女は人にわからないようにマスクをした。

她怕被人＿＿＿＿，所以＿＿了口罩。

⑮ さっきまで晴れていたのに、突然雨が降り出した。

刚才还是晴天，却突然＿＿＿＿＿。

⑯ 禁煙したんじゃないの？ どうしてまた吸い始めたの？

你不是戒烟了吗? ＿＿＿＿＿＿＿?

⑰ この子はちゃんと躾けなければいけない、こんなに放任していたら大変なことになる。

这孩子得管，＿＿＿＿＿＿＿可不得了。

⑱ このような活動をわたしたちは今後も展開していく。

这样的活动我们今后也要＿＿＿＿＿。

⑲ 茹でたての餃子ですよ、みんな熱いうちに食べてください。

这是＿＿＿＿＿＿＿，大家趁热吃吧!

⑳ 景気が悪いので、うちの会社が続けていけるかどうかわからない。

景气不好，我们公司不知道＿＿＿＿＿＿。

( ) 内の中国語を並べ替え、文を完成させてください。　Audio　22

❶ 意見があれば言って
ください。

（ 出来　就　说　意见　有　吧　你 ）

❷ この料理は見るから
に美味しそうだ。

（ 这个　菜　起来　看　就　好吃 ）

❸ この会場は５００人
入れる。

（ 下　能　容　五百人　会场　这个 ）

❹ わたしはあのことを
思い出すたびに腹が
立つ。

（ 那件事　生气　我　就　想　起　一 ）

❺ 王局長は地方から栄
転してきた。

（ 调　上来　是　地方　王局长　的　从 ）

❻ よい伝統は守ってい
かなくてはいけない。

（ 保持　应该　传统　下去　的　优良 ）

❼ この万年筆はおじい
さんが残したものだ。

（ 这支钢笔　是　爷爷　留　下来　的 ）

❽ このことは決して口
外しないで下さい。

（ 把　千万　别　这件事　说　出去　你 ）

❾ 彼は新聞紙から文章
を１編切り取った。

（ 一篇　下　剪　报纸上　文章　他　从 ）

❿ これは誰の筆跡かわ
かりますか。

（ 是　的　谁　出　认　笔迹　吗　你　能　这 ）

＊音声は解答ページ p.198 を参照してください。

⑪ このソファーは3人 しか座れない。 （ 只　沙发　下　坐　三个人　能　这个 ）

⑫ 遅れをとってはいけ ない、絶対に追いつ け。 （ 赶　能　落后　要　上去　一定　不 ）

⑬ 今からディクテー ションを始めます、 本を閉じてください。 （ 书　合　上　现在　把　请　听写　开始 ）

⑭ これはほんの心ばか りの品です、受け取っ てください。 （ 一点儿　心意　下　的　请　是　收　这　我 ）

⑮ わたしの血液型が何 型か、当てられます か。 （ 猜　能　出来　吗　是　我　什么血型　你 ）

⑯ この２つの単語は分 けないで、繋げて読 まなくてはいけない。 （ 要　连　开　能　两个词　这　读　不　分　起来 ）

⑰ 彼はいつもケチなの に、どうして今日は気 前がよくなったんだ？ （ 今天　怎么　了　起来　小气　他　一直　很　大方 ）

⑱ もうすぐゴールに着 くというとき、彼は 後ろの選手に追いつ かれてしまった。 （ 他　时　终点　了　后面　快　到　上　被　的　选手　追 ）

⑲ 突然起こったできごとに 対して、わたしはすぐに は反応できなかった。 （ 事　发生　一下子　我　反应　过来　没　面对　突然　的 ）

⑳ おじいさんは老眼鏡 を掛けないと新聞の 字がよく見えない。 （ 看　能　才　老花镜　清楚　报纸上的字　戴　上　得　爷爷 ）

上　下　下来　出来　过去　起　起来　来

（同じものを2回以上使うこともあります）

A：《韩语入门》？妈，你怎么突然学 ＿ 韩语 ＿ 了？

B：我呀，最近迷 ＿ 韩国电视剧了。哎呀！那些韩国

　　帅哥简直太帅了！

A：看 ＿＿＿ 你迷得挺厉害啊！你为什么这么喜欢韩剧

　　啊？

B：怎么说呢？一看韩剧我就想 ＿ 自己的年轻时代了。

A：哦？真没看 ＿＿＿，你还挺浪漫啊。

B：不是浪漫，是怀旧。唉，几十年的时间一转眼就

　　飞 ＿＿＿ 了。

A：欸，妈，你最喜欢哪个演员啊？

B：当然是裴勇俊了！

A：欸？我爸要是戴 ＿ 眼镜，围 ＿ 围巾，是不是挺

　　像裴勇俊的呀？

B：别开玩笑了。你爸哪有裴勇俊那么温柔？

　　对了，我又想看《冬日恋歌》了。幸好以前录 ＿＿＿ 了。

A：妈，我说 ＿＿＿ 你可别生气，录像机的硬盘快装不

　　＿ 了，我就把《冬日恋歌》删掉了。

B：什么？！

| 日本語訳 |

A: 『韓国語入門』？　お母さん、どうして突然韓国語を習い始めたの？
B: 最近韓国ドラマにハマちゃってね。もう韓国のイケメンが本当にカッコいいんだから。
A: かなりハマってるみたいだね。なんでそんなに韓国ドラマが好きなの？
B: なんて言うか、韓国ドラマを見ていると自分の若い頃を思い出すのよ。
A: 見かけによらず、意外にロマンチックなんだね。
B: ロマンチックなんじゃなくて、懐かしいのよ。ああ、何十年の時間は一瞬で過ぎて
　　しまったわ。
A: ねえ、お母さん、一番好きな俳優は誰なの？
B: もちろんペヨンジュンよ！
A: あれ？お父さんがメガネをかけてマフラーを巻いたら、けっこうペヨンジュンに似
　　てるんじゃない？
B: 冗談でしょ。お父さんなんてヨンさまみたいに優しくないわよ。
　　そうだ、また『冬のソナタ』が見たくなっちゃった。前録画しておいてよかったわ。
A: おかあさん、言っても怒らないでね。DVD レコーダーのハードディスクがいっぱ
　　いになっちゃうから、『冬のソナタ』消しちゃったの。
B: なんですって？！

方向義を表す "－开"

　「開ける；分ける、離れる」の意味を表す "－开" は結果補語の章に出てきました。"－开" はもともと「(閉まっている状態→) 開ける」、「(くっ付いている状態→) 分離する、ばらばらになる」という意味ですが、そこから派生して「(四方八方へ) 広がる」、「もとの位置を離れる」など、動作の移動を表す用法もあります。そのため、参考書によって、"－开" は方向補語に分類されることもあります。ここでは、"－开" の方向義を意識してよく使う典型例を見ていきましょう。

「開ける；分離する」

请张开嘴，说"啊"。
Qǐng zhāngkāi zuǐ, shuō "ā".
口を開けて「アー」してください。

把西瓜切开，大家一起吃吧!
Bǎ xīgua qiēkāi, dàjiā yìqǐ chī ba!
すいかを切ってみんなで食べよう。

他十六岁的时候就离开了父母。
Tā shíliù suì de shíhou jiù líkāile fùmǔ.
彼は16歳の時にもう親元を離れた。

「(四方八方へ) 広がる」

看热闹的人们都散开了。
Kàn rènao de rénmen dōu sànkāi le.
野次馬は散っていった。

那件事很快就传开了。
Nèi jiàn shì hěn kuài jiù chuánkāi le.
あのことはすぐに広まった。

传染病渐渐地蔓延开了。
Chuánrǎnbìng jiànjiàn de mànyánkāi le.
伝染病はだんだん蔓延していった。

「もとの位置を離れる」

他躲开了对方打来的拳头。
Tā duǒkāi le duìfāng dǎlai de quántou.
彼は相手のパンチを避けた。

后面来车了，请大家让开一点儿。
Hòumiàn lái chē le, qǐng dàjiā ràngkāi yìdiǎnr.
後ろから車が来るから、みんなちょっと避けてください。

第**3**章

可能補語

▪1▪ 可能補語 1

Audio 24

1 可能補語の基本形

基本形: 動詞 ＋ "得 / 不" ＋ 結果補語

　　　 動詞 ＋ "得 / 不" ＋ 方向補語

例

結果補語 吃饱 chībǎo　お腹いっぱいになる

可能補語 吃得饱 chīdebǎo　お腹いっぱいになれる

　　　　　 吃不饱 chībubǎo　お腹いっぱいになれない

結果補語 写完 xiěwán　書き終わる

可能補語 写得完 xiědewán　書き終えることができる

　　　　　 写不完 xiěbuwán　書き終えることができない

方向補語 回来 huílai　帰ってくる

可能補語 回得来 huídelái　帰ってこられる

　　　　　 回不来 huíbulái　帰ってこられない

方向補語 举起来 jǔqilai　持ち上げる

可能補語 举得起来 jǔdeqǐlái　持ち上げられる

　　　　　 举不起来 jǔbuqǐlái　持ち上げられない

　可能補語は結果補語と方向補語から派生した補語です。動詞と結果補語
または方向補語の間に、"得 de/ 不 bu" を加えることにより、それぞれ
可能 / 不可能を表します。

2 可能補語のタイプと用法 1

以上の基本形以外、少し形が違うものがあります。
可能補語は以下の4つのタイプがあります。

> 1.「動詞＋"得／不"＋結果補語または方向補語」
>
> 2.「動詞＋"得／不"＋"了 liǎo"」
>
> 3.「動詞＋"得 de/ 不得 bude"」
>
> 4. 可能補語の形のみで使う慣用形式

　この課では、まず可能補語の基本、1.「**動詞＋"得／不"＋結果補語または方向補語**」を学習します。
　では、例を見ながら可能補語の用法を見ていきましょう。

`Audio  25`

(1)「動詞＋"得"＋〜」と「動詞＋"不"＋〜」の使用傾向

　使用上、「動詞＋"得"＋〜」の形よりも、不可能を表す「動詞＋"不"＋〜」のほうが圧倒的に多いです（①〜⑥）。可能の意味を表すには助動詞"能"を使う傾向があります。「動詞＋"得"＋〜」は、よく疑問文（⑦）や反語文（⑧）に使われます。また、会話で可能補語の形で聞かれた場合、「動詞＋"得"＋〜」の形で答えることはあります（⑨）。

> ❶ 这本书现在已经买不到了。
> Zhèi běn shū xiànzài yǐjīng mǎibudào le.
> この本は今もう買えない。
>
> ❷ 这个杯子是塑料的，摔不碎。
> Zhèige bēizi shì sùliào de, shuāibusuì.
> このコップはプラスチックのものだから割れない。

❸ 这块污渍怎么洗也洗不掉。

Zhèi kuài wūzì zěnme xǐ yě xǐbudiào.

このシミはどう洗っても落ちない。

❹ 今天要加班，六点以前回不来。

Jīntiān yào jiābān, liù diǎn yǐqián huíbulái.

今日は残業しなければいけないから、6時前には帰ってこられない。

❺ 他这个人，谁的话也听不进去。

Tā zhèige rén, shéi de huà yě tīngbujìnqù.

あいつったら、誰の話も聞き入れない。

❻ 他就是这个公司的老板啊！真看不出来。

Tā jiù shì zhèige gōngsī de lǎobǎn a! Zhēn kànbuchūlái.

彼がこの会社の社長ですか。見た目ではわかりませんね。

❼ 她今年多大，你猜得出来吗？

Tā jīnnián duō dà, nǐ cāidechūlái ma?

彼女は今年いくつか、当てられますか。

❽ 这么多工作，今天怎么干得完？

Zhème duō gōngzuò, jīntiān zěnme gàndewán?

こんなにたくさんの仕事、どうして今日やり終えられようか。

❾ 请问，这条胡同穿得过去吗？

Qǐngwèn, zhèi tiáo hútòng chuāndeguòqù ma?

すみません、この路地は通り抜けられますか。

穿得过去。

Chuāndeguòqù.

通り抜けられますよ。

※ 軽声で発音される方向補語は元の声調で発音します。

(2) 目的語の位置

結果補語と単純方向補語からできた可能補語の場合、目的語は可能補語の後ろに置くことができます（①～④）。目的語が主題化し、文頭に置くこともできます（⑤～⑥）。複合方向補語からできた可能補語の場合、基本的に複合方向補語の間に置きます（⑦～⑧）。(場所でない一般目的語は複合方向補語の後ろに置くこともあります。

❶ 你吃得惯生鱼片吗?
Nǐ chīdeguàn shēngyúpiàn ma?
刺身は食べられますか。

❷ 这个人太顽固，跟他讲不通道理。
Zhèige rén tài wángù, gēn tā jiǎngbutōng dàolǐ.
この人はすごく頑固で、話しても道理が通じない。

❸ 这辆车坐不下六个人。
Zhèi liàng chē zuòbuxià liù ge rén.
この車は6人乗れない。

❹ 要说吹牛，谁也比不过他。
Yào shuō chuīniú, shéi yě bǐbuguò tā.
ほら吹きと言ったら、あいつにかなう人いないよ。

❺ 这个箱子我一个人搬不动。
Zhèige xiāngzi wǒ yí ge rén bānbudòng.
この箱はわたし一人では重くて運べない。

❻ 登录的密码想不起来了。
Dēnglù de mìmǎ xiǎngbuqǐlái le.
登録したパスワードが思い出せなくなってしまった。

❼ 我一下子拿不出那么多钱来。
Wǒ yíxiàzi nábuchū nàme duō qián lái.
急にはこんな大金が出せない。

※ "我一下子拿不出来那么多钱。" の語順で言うこともできます。

第**3**章 可能補語

95

❽ 钢琴太重，两个人抬不进屋里去。

Gāngqín tài zhòng, liǎng ge rén táibujìn wū li qù.

ピアノは重すぎるから、二人では家に運べない。

(3) 助動詞 "能" との共起

　肯定形の可能補語は助動詞 "能" と一緒に使うこともあります。可能補語の前に "能" つけると、肯定の語気がやや強まりますが、意味上は大差ありません。(①〜④)

　一方、否定形の可能補語は前に "不能" を付けると、二重否定になってしまうので、意味が大きく変わります。(⑤)

❶ 只要努力，就一定能学得会。

Zhǐyào nǔlì, jiù yídìng néng xuédehuì.

努力さえすれば、きっとマスターできる。

❷ 一边听音乐一边记单词，能记得住吗？

Yìbiān tīng yīnyuè yìbiān jì dāncí, néng jìdezhù ma?

音楽を聴きながら単語を暗記して覚えられるの？

❸ 你先别说答案，我能想得出来。

Nǐ xiān bié shuō dá'àn, wǒ néng xiǎngdechūlái.

自分で考えつくから、先に答えを言わないで。

❹ 那个地方有点儿窄，车能停得进去吗？

Nèige dìfang yǒudiǎnr zhǎi, chē néng tíngdejìnqù ma?

あそこは場所がちょっと狭いから、車停められるかな。

❺ 他在中国工作过好几年，不能听不懂中文。

Tā zài Zhōngguó gōngzuòguo hǎojǐ nián, bù néng tīngbudǒng

Zhōngwén.

彼は中国で何年間も仕事をしていたから、中国語がわからないなんてことはないよ。

(4)可能補語の反復疑問文の形

可能補語の疑問形は、文末に"吗?"をつけるほか、「動詞＋"得"＋
〜＋動詞＋"不"＋〜?」という反復疑問文の形もできます。この点は、
様態補語（→ p.122）と違うので、注意しましょう。

❶ 坐在后面的同学听得清听不清?
Zuòzài hòumiàn de tóngxué tīngdeqīng tīngbuqīng?
後ろに座っている学生はよく聞こえますか。

❷ 稿子这个星期写得完写不完?
Gǎozi zhèige xīngqī xiědewán xiěbuwán?
原稿は今週中に書けますか。

❸ 大夫，我的病治得好治不好?
Dàifu, wǒ de bìng zhìdehǎo zhìbuhǎo?
先生、わたしの病気は治りますか。

❹ 请问，前面那条路卡车过得去过不去?
Qǐngwèn, qiánmiàn nèi tiáo lù kǎchē guòdequ guòbuqù?
すみません、この先の道はトラックは通れますか。

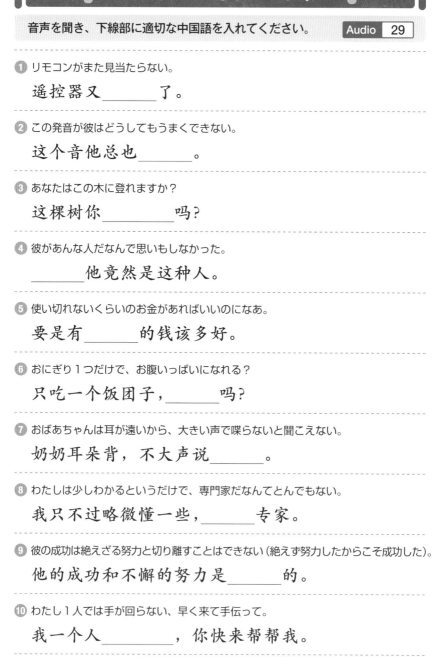

センテンスでトレーニング

音声を聞き、下線部に適切な中国語を入れてください。 Audio 29

❶ リモコンがまた見当たらない。

遥控器又＿＿＿＿了。

❷ この発音が彼はどうしてもうまくできない。

这个音他总也＿＿＿＿。

❸ あなたはこの木に登れますか？

这棵树你＿＿＿＿吗?

❹ 彼があんな人だなんて思いもしなかった。

＿＿＿＿他竟然是这种人。

❺ 使い切れないくらいのお金があればいいのになあ。

要是有＿＿＿＿的钱该多好。

❻ おにぎり1つだけで、お腹いっぱいになれる？

只吃一个饭团子，＿＿＿＿吗?

❼ おばあちゃんは耳が遠いから、大きい声で喋らないと聞こえない。

奶奶耳朵背，不大声说＿＿＿＿。

❽ わたしは少しわかるというだけで、専門家だなんてとんでもない。

我只不过略微懂一些，＿＿＿＿专家。

❾ 彼の成功は絶えざる努力と切り離すことはできない（絶えず努力したからこそ成功した）。

他的成功和不懈的努力是＿＿＿＿的。

❿ わたし1人では手が回らない、早く来て手伝って。

我一个人＿＿＿＿，你快来帮帮我。

⑪ 彼は中国語が読めるけど聞き取れない。

他＿＿＿＿＿中文，可是＿＿＿＿＿。

⑫ 彼女は心配でご飯も喉を通らないし、寝つけない。

她愁得＿＿＿＿＿＿，＿＿＿＿＿＿。

⑬ 彼女はものすごく口が達者で、誰もかなわない。

她的嘴可厉害了，＿＿＿＿＿＿。

⑭ わたしはどうしても彼の名前が思い出せない。

我怎么也＿＿＿＿＿＿＿了。

⑮ わたしは今日鼻が詰まっているから、匂いがわからない。

我今天鼻子不通气儿，＿＿＿＿＿＿。

⑯ 早く寝なさい。そうしないと明日起きられなくなるよ。

早点儿睡吧，要不然＿＿＿＿＿＿。

⑰ 学生の人数が多すぎて、わたしは全員の名前が覚えられない。

学生人数太多，我＿＿＿＿＿＿＿。

⑱ あなたの服を脱ぎ捨てる癖はどうしていつまでも治らないの？

脱下衣服乱扔的毛病＿＿＿＿＿＿＿？

⑲ 明日は大雨だと天気予報が言ってるから、運動会は開催できなくなりそうだ。

天气预报说明天下大雨，＿＿＿＿＿＿＿。

⑳ このコントは本当につまらない。最初から最後まで見ても全然笑えない。

这个小品真没意思，＿＿＿＿＿＿。

（　）内の中国語を並べ替え、文を完成させてください。 Audio 30

❶ 身分証明書がないと
入れない。
（ 证件　不　没有　去　进 ）

❷ わたしは人の家では
よく眠れない。
（ 睡　别人家　好　不　我　在 ）

❸ 彼の電話はいつも通
じない。
（ 不　电话　打　总是　他的　通 ）

❹ 彼女は感激して言葉
も出ない。
（ 出　说　得　话　不　来　她　激动 ）

❺ 今日は曇っているの
で星が見えない。
（ 见　星星　不　看　阴天　今天 ）

❻ ここでは新鮮な海の
魚が食べられない。
（ 不　吃　新鲜　的　到　海鱼　这里 ）

❼ 毎日ラーメンを食べ
ても飽きない。
（ 面条　我　吃　不　吃　腻　也　每天 ）

❽ 彼が話しているのは
方言なので、わたし
にはわからない。
（ 是　不　的　听　方言　我　他　懂　说 ）

❾ 鍵を持っていないの
で、家に入れない。
（ 钥匙　去　我　家门　不　没　带　进 ）

❿ ふたがきつすぎてど
うやっても開けられ
ない。
（ 打　不　盖子　开　紧　怎么　太　也 ）

＊音声は解答ページ p.201 を参照してください。

⓫ この路地は狭いので、大きい車は通れない。　（ 大车　去　不　这条巷子　进　窄　太 ）

⓬ 努力さえすればマスターできないものはない。　（ 没有　会　努力　东西　学　不　的　只要 ）

⓭ このズボンはきつすぎて履けない。　（ 进去　瘦　太　了　穿　不　这条裤子　我 ）

⓮ 王さんはとても足が速い。彼にかなう人はいない。　（ 谁　他　得　跑　很　快　小王　都　跑　不　过 ）

⓯ 彼は長いこと横になっていたが、なかなか寝付けない。　（ 可　着　他　躺　不　也　了　睡　很久　怎么 ）

⓰ 彼はもう60代なの？見た目では全然わからないね。　（ 看　六十多岁　已经　出来　他　不　了　真 ）

⓱ 彼の酒量はとても大きい。いくら飲んでも酔わない。　（ 他的酒量　醉　不　喝　都　多少　很　大　喝 ）

⓲ 気持ちが複雑すぎて、言葉では表現できない。　（ 语言　出来　不　表达　心情　很　用　复杂 ）

⓳ 彼女は大のお喋りで、喋りだすと止まらない。　（ 停　不　她　下来　就　很　说话　爱　开口　一 ）

⓴ 商品は品質の基準に達していなければ出荷できない。　（ 标准　就　出货　能　产品　不　不　到　质量　达 ）

適切な可能補語を選んで、下線部に入れてください。　Audio 31

顾不上　做不好　堵不住　看不起
嚼不动　咽得下去　站不起来　吃不下去
忍受不下去　生活得下去

（同じものを2回以上使うこともあります）

A: 这是什么牛排啊? 根本 _____。

B: _____ 就咽下去嘛。

A: 块儿太大，怎么 _____ 啊?

B: 你真够烦人的! 牛排也 _____ 你的嘴吗?

A: 你做饭总也 _____，还不让人说吗?

B: 我 _____ 那你做啊? 就知道发牢骚。

A: 我工作一天了，累得都快 _____ 了，你让我做饭?

B: 你就知道工作，家里的事儿什么都 _____，你也太

　　过分了吧!

A: 我不工作怎么 _____? 你就做一点儿家务还 _____

　　吗?

B: 一点儿家务？ 你以为做家务很轻松吗？ 我最讨厌你

这种 _____ 家庭主妇的态度。我真 _____ 了！

我要跟你离婚！

A:……我就是说说而已嘛。好了好了，快吃饭吧。

B: 我 _____，都被你气饱了。

A: 别生气了。你尝尝这牛排，很好吃的。

第3章 可能補語

A: これは何のステーキだ？ まったくかめないよ。
B: かめないなら、飲み込みなさいよ。
A: 塊が大きすぎて、飲み込めないよ。
B: うるさいわね。ステーキでもあなたのその口を塞ぐことができないの？
A: 料理がいつもうまく作れないんだから、言われても仕方ないだろう？
B: そんなことを言うなら自分で作れば？　文句ばっかり言って。
A: 1 日働いて、もう立てないくらい疲れてるんだよ。俺が作れだと？
B: あんたこそ仕事ばっかりで、家のことは何もかまってくれないじゃない。ひどいわ
よ。
A: 俺が仕事しなければどうやって生活していけるんだよ。お前は少しの家事くらいな
んでちゃんとできないんだよ。
B: 少しの家事って？　家事をするのが楽だというの？　その主婦をバカにする態度が大
嫌いなのよ。もうこれ以上我慢できないわよ。離婚しましょう！
A:……ちょっと言ってみただけなのに。わかったわかった。早くご飯食べよう。
B: あなたのせいでもうお腹がいっぱいで食べられないわよ。
A: もう怒るなって。ステーキ食べてみてごらん。うまいよ。

▪ 2 ▪ 可能補語 2

1 可能補語のタイプと用法 2 〜 4

1.「動詞＋ "得 ／ 不" ＋結果補語または方向補語」

2.「動詞＋ "得 ／ 不" ＋ "了 liǎo"」

3.「動詞＋ "得 de／ 不得 bude"」

4. 可能補語の形のみで使う慣用形式

　前の課では、可能補語の基本となる「動詞＋ "得 ／ 不" ＋結果補語または方向補語」を学習しました。この課では、ほかの特殊な可能補語を見ていきましょう。

Audio　32

(1)「動詞＋ "得／不" ＋ "了 liǎo"」

　このタイプの可能補語は、「動詞＋ "了 liǎo"」から派生したものではなく、常に「動詞＋ "得 ／ 不" ＋ "了 liǎo"」の形で使います。この形の可能補語は以下の意味を表します。

量が多すぎて〜できない；〜しきれない

❶ 东西太多，我一个人拿不了。
Dōngxi tài duō, wǒ yí ge rén nábuliǎo.
ものが多すぎて一人では持てない。

❷ 菜要多了，咱们两个人吃不了吧。
Cài yàoduō le, zánmen liǎng ge rén chībuliǎo ba.
料理を頼みすぎたね、わたしたち二人では食べきれないでしょう。

❸ 这么大一杯啤酒，你喝得了吗?

Zhème dà yì bēi píjiǔ, nǐ hēdeliǎo ma?

こんなに大きいジョッキのビール、飲みきれますか。

②と③はそれぞれ "吃不完"、"喝得完" と言い換えることもできます。

～なり得ない ; ～しっこない ; ～できない

❶ 我永远忘不了那件事。

Wǒ yǒngyuǎn wàngbuliǎo nèi jiàn shì.

わたしはいつまでもあのことが忘れられない。

❷ 东西放在这儿肯定丢不了。

Dōngxi fàngzài zhèr kěndìng diūbuliǎo.

荷物をここに置けばきっとなくしたりはしないよ。

❸ 我已经检查过好几遍了，绝对错不了。

Wǒ yǐjīng jiǎncháguo hǎojǐ biàn le, juéduì cuòbuliǎo.

わたしはもう何回もチェックしたので、絶対に間違えっこないよ。

❹ 这个工作一般人干不了。

Zhèige gōngzuò yìbān rén gànbuliǎo.

この仕事は普通の人にはできない。

❺ 他今天有事，来不了了。

Tā jīntiān yǒu shì, láibuliǎo le.

彼は今日用事があって来られなくなった。

②と③のように、「～したりはしない」「～しっこない」の意味を表すときはしばしば好ましくない結果を招く動詞や形容詞が用いられます。

⑵「動詞＋"得 de ／不得 bude"」

このタイプの可能補語は後ろに結果補語や方向補語の成分がなく、動詞の後ろに直接 "得 de"・"不得 bude" を加えます。なんらかの差し障りがあるため、その動作が不適切・許されないことを表します。

---

❶ 过期的东西吃不得。
Guòqī de dōngxi chībude.
期限切れのものは食べてはいけない。

❷ 这件事在他面前可提不得。
Zhèi jiàn shì zài tā miànqián kě tíbude.
このことは彼の前で話してはだめだ。

❸ 看不起别人的态度要不得。
Kànbuqǐ biéren de tàidu yàobude.
人をばかにするような態度はいけません。

❹ 虽然是一点儿小事，但也轻视不得。
Suīrán shì yìdiǎnr xiǎo shì, dàn yě qīngshìbude.
些細なことですが、軽視してはいけない。

そのほかに、独立した意味を持ち、熟語的に使われるものもあります。例えば、

舍得 shěde　　惜しまない

舍不得 shěbude　　〜するのが惜しい；離れがたい

她平时省吃俭用，可在孩子身上却很舍得花钱。
Tā píngshí shěng chī jiǎn yòng, kě zài háizi shēnshang què hěn shěde huā qián.
彼女は普段節約しているが、子どもには惜しまずお金を使う。

你下周就要回国了，真舍不得离开你。
Nǐ xiàzhōu jiù yào huí guó le, zhēn shěbude líkāi nǐ.
君は来週もう帰国するんだね。別れるのが寂しいなあ。

恨不得 hènbude　　〜したくてたまらない；〜できないのが残念

他羞得满脸通红，恨不得找个洞钻进去。
Tā xiūde mǎn liǎn tōnghóng, hènbude zhǎo ge dòng zuānjinqu.
彼は恥ずかしくて顔が真っ赤になり、穴があったら入りたいくらいだった。

怪不得 guàibude　　〜道理で…だ；〜するのもそのはずだ

怪不得他最近这么高兴，原来是交上女朋友了。
Guàibude tā zuìjìn zhème gāoxìng, yuánlái shì jiāoshàng nǚpéngyou le.
道理で最近彼はこんなに上機嫌なんだ、彼女ができたのか。

Audio 34

(3) 可能補語の形のみで使う慣用形式

　　結果補語・方向補語から派生した可能補語は間の"得／不"を取ってしまえば元の結果補語・方向補語の形に戻りますが、"得／不"が抜けることができず、常に可能補語の形でしか使わないものもたくさんあります。

結果補語・方向補語から派生したもの	可能補語の形でしかないもの
起不来 (起きられない) qǐbulái ⬇ ○ 起来 (起きる)	合不来 (性格が合わない) hébulái ⬇ × 合来

肯定形の場合、動詞の前に助動詞"能"を付ければ言える場合があります。

找得开（お金がくずれる）
zhǎodekāi

⬇

○能找开

この点に関しては、「動詞＋"得／不"＋"了 liǎo"」も同じですが、「動詞＋"得／不"＋"了 liǎo"」の形の可能補語はわりと汎用性が高いのに対して、慣用形式の可能補語のバリュエーションは非常に多く、規則性が見出しにくいです。

初級段階で習った"对不起"もこのタイプの可能補語の形です。このような表現は1語として辞書にも収録されているものが多いので、単語として丸ごと覚えましょう。

以下はよく使う慣用形式の可能補語をご紹介します。

看得起 kàndeqǐ　**重視する、尊敬する**
看不起 kànbuqǐ　**軽視する、ばかにする**

想被别人看得起就要努力。
Xiǎng bèi biéren kàndeqǐ jiù yào nǔlì.
人に尊敬されたければ努力をしなければならない。

我最讨厌看不起别人的人。
Wǒ zuì tǎoyàn kànbuqǐ biéren de rén.
わたしは人をばかにするやつが一番嫌いだ。

买得起 mǎideqǐ （負担能力があって）買える
买不起 mǎibuqǐ （負担能力がなくて）買えない

小王很有钱，他肯定买得起。
XiǎoWáng hěn yǒu qián, tā kěndìng mǎideqǐ.
王さんは金持ちだから、彼ならきっと買えるよ。

我可买不起高级的外国汽车。
Wǒ kě mǎibuqǐ gāojí de wàiguó qìchē.
わたしなんかは高級な外車など買えませんよ。

"买"のかわりに、金銭的な負担能力と関係ある動詞がいろいろ活用できます。

我住不起五星级酒店。
Wǒ zhùbuqǐ wǔxīngjí jiǔdiàn.
わたしは5つ星のホテルなどとても泊まれない。

鱼翅、鲍鱼什么的，我可吃不起。
Yúchì、bàoyú shénmede, wǒ kě chībuqǐ.
フカヒレやあわびなど、わたしには高すぎて食べられない。

用得着 yòngdezháo 必要がある（主に反語文に使う）
用不着 yòngbuzháo 必要がない

打个电话不就行了？ 用得着亲自去吗？
Dǎ ge diànhuà bú jiù xíng le? Yòngdezháo qīnzì qù ma?
電話すれば済むことでしょ？　わざわざ行く必要があるの？

复印件也可以，用不着原件。
Fùyìnjiàn yě kěyǐ, yòngbuzháo yuánjiàn.
オリジナルのものでなくても、コピーでもいい。

管得着 guǎndezháo 　　関係ある（主に反語文に使う）

管不着 guǎnbuzháo 　　干渉する筋合いではない

这事儿你管得着吗？
Zhè shìr nǐ guǎndezháo ma?
このことはあなたには関係ないだろう。

这是我的私事，别人管不着。
Zhè shì wǒ de sīshì, biéren guǎnbuzháo.
これはわたし個人のことだから、ほかの人に干渉される筋合いなどない。

划得来 huádelái 　　引き合う

划不来 huábulái 　　引き合わない

这项投资划得来吗？
Zhèi xiàng tóuzī huádelái ma?
この投資は引き合うかね？

每天买票划不来，你还是买月票吧。
Měitiān mǎi piào huábulái, nǐ háishi mǎi yuèpiào ba.
毎日切符を買うのは割に合わないから、定期券を買ったら。

合得来 hédelái 　　性格が合う

合不来 hébulái 　　性格が合わない

我想找一个性格合得来的对象。
Wǒ xiǎng zhǎo yí ge xìnggé hédelái de duìxiàng.
わたしは性格が合う恋人を探したい。

他们俩总是合不来，一见面就吵架。
Tāmen liǎ zǒngshì hébulái, yí jiànmiàn jiù chǎojià.
あの二人はいつもウマが合わなくて、会うたびに喧嘩する。

靠得住 kàodezhù　頼れる、信頼できる
靠不住 kàobuzhù　頼れない、信頼できない

他说的话没有一句能靠得住。
Tā shuō de huà méiyou yí jù néng kàodezhù.
あいつが言うことは一つも信用できない。

小张经验不足，有点儿靠不住。
Xiǎo Zhāng jīngyàn bù zú, yǒudiǎnr kàobuzhù.
張さんは経験が足りないから、ちょっと任せられない。

说得过去 shuōdeguòqù　まあまあだ；申し開きができる
说不过去 shuōbuguòqù　道理が通らない；申し開きが立たない

儿子的成绩还说得过去。
Érzi de chéngjì hái shuōdeguòqù.
息子の成績はまあまあだ。

那件事他办得有点儿说不过去吧。
Nèi jiàn shì tā bànde yǒudiǎnr shuōbuguòqù ba.
あの件について彼のやり方はちょっと申し開きが立たないだろう。

忙得过来 mángdeguòlái　忙しさに対応できる
忙不过来 mángbuguòlái　忙しくて手が回らない

这么多工作，你一个人忙得过来吗？
Zhème duō gōngzuò, nǐ yí ge rén mángdeguòlái ma?
こんなにたくさんの仕事、あなたは一人でできるの？

你等一会儿，我现在忙不过来。
Nǐ děng yíhuìr, wǒ xiànzài mángbuguòlái.
ちょっと待ってくれ、今は忙しくて手が回らないんだ。

信得过 xìndeguò　信用できる
信不过 xìnbuguò　信用できない

这是一家信得过的企业。
Zhè shì yì jiā xìndeguò de qǐyè.
この企業は信用できる企業だ。

你难道连我都信不过吗？
Nǐ nándào lián wǒ dōu xìnbuguò ma?
まさかわたしのことも信用しないとでも言うのか。

犯得着 fàndezháo　～する必要がある（主に反語文に使う）
犯不着 fànbuzháo　～するには及ばない

这种小事儿，犯得着找总经理吗？
Zhèi zhǒng xiǎo shìr, fàndezháo zhǎo zǒngjīnglǐ ma?
こんな些細なこと、社長に訴える必要があるか。

他已经道歉了，你犯不着发这么大火儿吧。
Tā yǐjīng dàoqiàn le, nǐ fànbuzháo fā zhème dà huǒr ba.
彼はもう謝ったのだし、何もそんなに怒らなくてもいいのに。

走得动 zǒudedòng　（体力があって）歩ける
走不动 zǒubudòng　（疲れて）歩けない

你还走得动吗？要不要歇一会儿？
Nǐ hái zǒudedòng ma? Yào bu yào xiē yíhuìr?
まだ歩ける？ちょっと休もうか？

"走"のかわりに、力と関係がある動詞がいろいろ活用できます。

到了后半程，他有点儿跑不动了。
Dàole hòubànchéng, tā yǒudiǎnr pǎobudòng le.
後半コースに入ってから、彼は走る力が足りなくなってきた。

我游不动了，咱们上岸吧。
Wǒ yóubudòng le, zánmen shàng àn ba.
もう疲れて泳げないから、岸に上がろう。

肯定と否定が対応しておらず、否定形式のみのものあります。

说不定 shuōbudìng　ひょっとしたら～かもしれない　　×说得定

你好好儿跟他说说，说不定他会答应的。
Nǐ hǎohāor gēn tā shuōshuo, shuōbudìng tā huì dāying de.
彼としっかり話したら、もしかして承知してくれるかもしれない。

说不好 shuōbuhǎo　**断定できない**　　×说得好

将来会怎样，谁也说不好。
Jiānglái huì zěnyàng, shéi yě shuōbuhǎo.
将来どうなるかは誰にもわからない。

　以上は、常用する慣用形式の可能補語をいろいろ紹介しましたが、すべてをカバーしたわけではありません。意味が通じにくいと思ったときは、中日辞書を調べてみましょう。

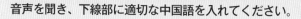

音声を聞き、下線部に適切な中国語を入れてください。 Audio 35

❶ 社長の短気な性質には本当に耐えられない。

　我真_____老板的脾气。

❷ あんなやつのために腹を立てることはないよ。

　你_____跟那种人生气。

❸ このような映画は子どもは見てはいけない。

　这样的电影小孩子_____。

❹ こんなに高いスーツ、わたしは着られません。

　这么贵的西装我可_____。

❺ 王さんは頼れる人だ。彼がすることなら安心だ。

　小王是个_____的人，他办事我放心。

❻ 彼はとても楽観的で、どんなことでも前向きに考えられる。

　他这个人很乐观，不管遇到什么事都_____。

❼ この子はものすごく足が速いから、将来オリンピックに出られるかもしれないよ。

　这孩子跑得特别快，以后_____能参加奥运会呢。

❽ 若い医者は信頼できない。やはり経験がある医者に頼もう。

　年轻大夫_____，还是找一个有经验的大夫吧。

❾ 田舎の人を見下す人がいるが、わたしはそのような人を一番軽蔑している。

　有些人_____乡下人，而这种人正是我最_____的。

❿ いつ大きい地震が起きるかわからないから、準備しておかなければいけない。

　_____什么时候就会发生大地震，所以一定要有所准备。

114

⑪ 彼のそそっかしい性格はどうしても治らない。

　他粗心大意的毛病＿＿＿＿＿＿＿＿。

⑫ 彼ならきっとあのことをきちんと処理できるから、心配は要りません。

　他一定会处理好那件事的，＿＿＿＿＿＿＿＿。

⑬ 彼女はプロの歌手だったのか、道理で歌が上手いわけだ。

　＿＿＿＿＿＿＿＿＿＿＿＿，原来是专业歌手啊。

⑭ 今日はあまりお腹がすいていないから、こんなに大盛りのご飯は食べられない。

　我今天不太饿，＿＿＿＿＿＿＿＿＿＿＿。

⑮ ちゃんと勉強しないと親に申し訳ないだろう？

　你不好好学习，＿＿＿＿＿＿＿＿＿＿＿？

⑯ うちの会社は人手不足で、年末になると手が回らなくなってしまう。

　我们公司人手不够，一到年底＿＿＿＿＿＿＿＿＿。

⑰ この車は値段は安いが燃費が悪い。（車自体は）買えるけれど、維持費が高くて持てない。

　这车价格不贵，可是太费油，＿＿＿＿＿＿＿＿。

⑱ 値段は安くても、品質がよくなければかえって割に合わない。

　虽然价钱便宜，但质量不好的话＿＿＿＿＿＿＿＿。

⑲ わたしは自分の責任を果たしたので、顔向けできない人はいないと思う。

　我认为自己已经尽到了责任，＿＿＿＿＿＿＿＿＿。

⑳ お母さんが中国人だったのか、どうりで彼女の中国語は上手いわけだ。

　她母亲是中国人啊，＿＿＿＿＿＿＿＿＿＿。

（　　）内の中国語を並べ替え、文を完成させてください。

❶ このようなことは
焦ってはいけない。

（ 不得　的　急　这样　事情 ）

❷ この件は人事部の管
轄ではない。

（ 管不着　这　人事部　事儿 ）

❸ 今出発しても間に合
わない。

（ 也　现在　出发　了　来不及 ）

❹ 駅まで歩いて１０分
はかからない。

（ 到　车站　不了　走　十分钟　用 ）

❺ みんな堪えられなく
て笑い出した。

（ 都　笑　忍不住　起来　大家　了 ）

❻ 製品の品質が本当に
ひどくて話にならな
い。

（ 产品　实在　质量　不　的　过去　说 ）

❼ 彼の考え方はいつも
理解しがたい。

（ 让　总是　不了　人　他的想法　理解 ）

❽ そこは治安がとても
悪いので行ってはだ
めだ。

（ 很　那个地方　去　不得　治安　乱 ）

❾ 彼の才能は普通の人
と比べられるもので
はない。

（ 是　他的才能　比　的　一般人　不了 ）

❿ 今すぐにでも彼女の
ところに飛んでいき
たい。

（ 到　现在　她的身边　我　恨不得　飞　就 ）

＊音声は解答ページ p.204 を参照してください。

⓫ ハンコを押さなくても　(盖　字　用不着　签　印章　就　行　个　了)
かまいません。サイン
をすればけっこうです。

⓬ わたしがお礼を言わ　(我　没　来得及　还　走　他　就　道谢　了)
ないうちに、彼はも
う行ってしまった。

⓭ 彼以外の人は信用で　(信不过　有　信得过　他　只　才　别人)
きない。

⓮ 細かいのはありませ　(我　零钱　吗　您　一百块　找不开　没有)
んか。100 元はくず
せません。

⓯ 2 つのチームの実力　(实力　相当　两队　能　说不好　赢　哪方)
は拮抗しているので、
どちらが勝つかはな
んとも言えない。

⓰ 彼女は甘いものに目　(一　看到　自己的嘴　就　管不住　她　了　甜食)
がない。

⓱ ちょっと休もう。も　(休息　吧　咱们　实在　我　走不动　一会儿　了)
う疲れてどうしても
歩けないんだ。

⓲ ライブはもうすぐ始ま　(赶不上　马上　开始　就要　演唱会　恐怕　了　了)
るから、もう間に合わ
ないかもしれない。

⓳ このあたりは家賃が　(附近　房租　的　这　太　一般学生　贵　租不起　了)
高すぎて、普通の学
生は借りられない。

⓴ 彼がお金を使いたが　(小气　花钱　舍不得　他　不是　为了　交学费　而是)
らないのはケチだか
らではなく、学費を
納めるためだ。

第 **3** 章 可能補語

117

適切な可能補語を選んで、下線部に入れてください。　　Audio 37

打不得　　急不得　　骂不得　　合得来
说不定　　用不着　　信得过　　管不住
看不起　　受不了　　理解不了

　　青春期的孩子很难教育。这个年龄的孩子，打也

_____，骂也 _____。管得太松 _____，管得太严，

孩子又会产生逆反心理。

　　那么，应该怎样面对青春期的孩子呢？我个人

认为有两点很重要。

　　首先要了解孩子的兴趣，增加共同语言。许多

父母往往难以理解孩子们的兴趣，但大多数情况不

是 _____，而是不愿意去理解。这样的话，孩子们

就会认为自己的兴趣被父母 _____ 而感到失落。

　　其次，要放下父母的架子，作为一个朋友多和

孩子沟通。青春期的孩子们都 _____ 父母的说教，

只是一味地教训孩子的话，只能起到反作用。当然，这并不是说应该对孩子听之任之。和孩子沟通是 ＿＿＿ 的，要想沟通首先要让孩子 ＿＿＿ 自己。建立起信赖关系，才有可能成为 ＿＿＿ 的朋友。

　　如果您的孩子已经进入了逆反期也 ＿＿＿ 担心。从现在开始，尽量对孩子的兴趣和想法多表示理解，作为他的朋友积极地进行沟通，＿＿＿ 明天就会出现好转。

日本語訳

　思春期の子どもの教育は難しい。この年頃の子どもは叩いたり、きつく叱ったりすることはできない。管理が緩すぎると言うことを聞かなくなるし、厳しすぎると反抗心が起きてしまう。

　では、思春期の子どもとどう向き合うべきなのか。わたしは２つのことが大切だと思う。

　まず、子どもの興味の対象を知り、共通の会話を増やすこと。多くの親は子どもの興味の対象についてなかなか理解できていない。しかし、多くの場合は理解できないのではなく、理解しようとしないのである。そうすると、子どもは自分の興味の対象が親にないがしろにされた気持ちになり、がっかりしてしまうのだ。

　次に、親としての尊大な態度を改めて、友だち同士として子どもとコミュニケーションをすることである。思春期の子どもはみな親の説教にうんざりするもので、ただ説教するだけでは逆効果になる。もちろん、ただ子どもを放任すればよいということではない。子どもとコミュニケーションをするには焦ってはならず、そのためにはまず、子どもに自分を信頼させなければならないということである。信頼関係を築いてこそ、気の合う友だちになれるのである。

　もしあなたの子どもが既に反抗期に入っているとしても心配する必要はない。今から子どもの興味の対象や考え方についてなるべく多くの理解を示し、友だちとして積極的にコミュニケーションを取るようにすれば、もしかしたら明日にでも状況が好転するかもしれないのだ。

"吃得饱" と "吃得很饱"

a: 一碗米饭吃得饱吗?

Yì wǎn mǐfàn chīdebǎo ma?

ご飯1杯でお腹いっぱいになりますか。

b: 我已经吃得很饱了。

Wǒ yǐjīng chīde hěn bǎo le.

わたしはもうお腹がいっぱいです。

　形は似ていますが、例aの"吃得饱"は可能補語で、例bの"吃得很饱"は様態補語です。このように、様態補語と可能補語の肯定形は形が同じように見えますが、表す意味が違います。例aの"吃得饱"は「食べてお腹がいっぱいになれる」と可能の意味を表し、例bの"吃得很饱"は「食べたあとお腹がいっぱいだ」と状態について述べています。

　様態補語なのか、それとも可能補語なのかは大抵文脈で判断できますが、様態補語の"得"の後ろにはよく程度副詞などの修飾語を挿入するのにたいして、可能補語の"得"の後ろには何も挿入できないという違いもあります。もう1組の例を見てみましょう。

可能補語

我不管在哪儿都睡得好。

Wǒ bùguǎn zài nǎr dōu shuìdehǎo.

わたしはどこでもよく寝られます。

(「よく眠れることが可能だ」
と可能性について述べている)

様態補語

我昨天睡得很好。

Wǒ zuótiān shuìde hěn hǎo.

わたしは昨日よく寝ました。

「睡眠状況がよかった」と
　状態について述べている)

第4章

様態補語

1 様態補語の基本形

基本形：動詞 / 形容詞 ＋"得" ＋ 様態補語

例▶ 雨下得很大。
Yǔ xiàde hěn dà.
雨が強く降っている。

你的汉语说得不错。
Nǐ de Hànyǔ shuōde búcuò.
あなたの中国語はなかなか上手だ。

菜做得有点儿咸。
Cài zuòde yǒudiǎnr xián.
料理を少ししょっぱく作ってしまった。

他高兴得跳起来了。
Tā gāoxìngde tiàoqilai le.
彼は嬉しくて飛び上がった。

　様態補語は、**動詞または形容詞が表す動作、状態などについて、さらに詳しく描写したり、評価したりする補語**です。

2 様態補語の特徴と用法

　様態補語が表す情報はその文のなかで最も重要な部分です。様態補語は「補足」というより、その文の「主役」なのです。
　この特徴により、様態補語を否定文や反復疑問文にするときには、述語動詞・形容詞ではなく、様態補語の部分で処理するのが一般的です。

基本形：動詞 / 形容詞 ＋ "得" ＋ 様態補語

他跑得很快。
Tā pǎode hěn kuài.
彼は走るのが速い。

否定文

他跑得不快。
Tā pǎode bú kuài.
彼は走るのが速くない。

✕ 他不跑得快。

疑問文

他跑得快吗？
Tā pǎode kuài ma?
彼は走るのが速いですか。

他跑得快不快？
Tā pǎode kuài bu kuài?

✕ 他跑不跑得快？

様態補語の反復疑問文は動詞を反復するのではなく、補語の部分を反復します。この点においては可能補語（→ *p*.97）と違うので、注意が必要です。

なお、形容詞述語文と同じ、肯定形の形容詞が様態補語になる場合、その前に程度を表す副詞が必要です。ただし、対照や比較の文の場合、程度副詞が使われなくても成立します。

妈妈起得很早。
Māma qǐde hěn zǎo.
お母さんは起きるのが早い。

妈妈起得早，爸爸起得晚。
Māma qǐde zǎo, bàba qǐde wǎn.
お母さんは起きるのが早いが、お父さんは起きるのが遅い。

比較表現において、"比~" の部分は「動詞 + "得"」の前にも後にも置くことができます。

他比我跑得快。
Tā bǐ wǒ pǎode kuài.
彼は私より走るのが速い。

他跑得比我快。
Tā pǎode bǐ wǒ kuài.
彼は走るのが私より速い。

妈妈比爸爸起得早。
Māma bǐ bàba qǐde zǎo.
お母さんはお父さんより起きるのが早い。

妈妈起得比爸爸早。
Māmā qǐde bǐ bàba zǎo.
お母さんは起きるのがお父さんより早い。

形容詞だけではなく、フレーズや長い文も様態補語になって豊かな表現ができます。この場合、日本語に訳しづらいことが多いので、工夫が必要ですね。

---

❶ 我今天忙得连午饭也没吃。
Wǒ jīntiān mángde lián wǔfàn yě méi chī.
今日は忙しくて昼ごはんも食べなかった。

❷ 我们笑得眼泪都流出来了。
Wǒmen xiàode yǎnlèi dōu liúchulai le.
わたしたちは笑いすぎて、涙まで出てきた。

❸ 大家都累得一步也走不动了。
Dàjiā dōu lèide yí bù yě zǒubudòng le.
みんな疲れて1歩も動けなくなった。

---

❹ 他气得满脸通红，浑身发抖。

Tā qìde mǎn liǎn tōnghóng, húnshēn fādǒu.

彼は怒りのあまり顔が真っ赤になって、全身震えている。

述語動詞に目的語が伴う場合、以下の語順で言うのが基本です。

主語 ＋ 動詞 ＋ 目的語 ＋ 動詞 ＋ "得" ＋ 様態補語
他　　唱　　日语歌　唱　得　　特别好。
Tā　chàng　Rìyǔ gē　chàngde　tèbié hǎo.
彼は日本語の歌をとても上手に歌います。

最初の動詞は省略することが可能です。

他日语歌唱得<u>特别好</u>。

Tā Rìyǔ gē chàngde tèbié hǎo.

第4章　様態補語

また、主語と目的語の間に"的"を入れて表すこともあります。

他的日语歌唱得<u>特别好</u>。

Tā de Rìyǔ gē chàngde tèbié hǎo.

もう少し例文で確認しましょう。

妈妈（做）饺子做得<u>很好吃</u>。

Māma (zuò) jiǎozi zuòde hěn hǎochī.

妈妈的饺子做得<u>很好吃</u>。

Māma de jiǎozi zuòde hěn hǎochī.

お母さんが作ったギョーザはとてもおいしいです。

你（开）玩笑开得太过分了。

Nǐ (kāi) wánxiào kāide tài guòfèn le.

你的玩笑开得太过分了。

Nǐ de wánxiào kāide tài guòfèn le.

冗談といっても度をすぎていますよ。

3　様態補語のタイプ

　様態補語が表す意味によって、以下のふたつのタイプに分けることができます。

(1) 評価・程度を表す

❶ 她的字写得很好看。

Tā de zì xiěde hěn hǎokàn.

彼女の字はとてもきれいだ。

❷ 他讲得不够具体。

Tā jiǎngde bú gòu jùtǐ.

彼の言うことは具体性に欠けている。

❸ 小王说得很有道理。

Xiǎo Wáng shuōde hěn yǒu dàolǐ.

王さんの話は理にかなっている。

❹ 你今天怎么来得这么晚？

Nǐ jīntiān zěnme láide zhème wǎn?

今日はどうしてこんなに遅く来たの？

❺ 他说日语说得像日本人一样。

Tā shuō Rìyǔ shuōde xiàng Rìběnrén yíyàng.

彼は日本人のように日本語を話す。

❻ 这里的物价高得惊人。

Zhèli de wùjià gāode jīngrén.

ここの物価はびっくりするほど高い。

以上の様態補語は“得”の前の動作や状態の程度や評価を表します。

(2) 結果を表す

❶ 他疼得叫出了声。

Tā téngde jiàochū le shēng.

彼は痛くて声をあげた。

❷ 她困得眼皮直打架。

Tā kùnde yǎnpí zhí dǎjià.

彼女は眠くて目がずっとしょぼついている。

❸ 强风吹得我睁不开眼。

Qiángfēng chuīde wǒ zhēngbukāi yǎn.

強い風に吹かれて目も開けられない。

❹ 他高兴得合不上嘴。

Tā gāoxìngde hébushàng zuǐ.

彼は嬉しくて笑いがとまらない。

❺ 他感动得一句话也说不出来。

Tā gǎndòngde yí jù huà yě shuōbuchūlái.

彼は感動のあまり何も言えなかった。

❻ 他紧张得两腿发软，不住地流汗。

Tā jǐnzhāngde liǎng tuǐ fā ruǎn, bú zhù de liú hàn.

彼は緊張のあまり両足の力が抜けて、汗が止まらない。

以上の様態補語は“得”の前の動作や状態によって起きた結果を表します。

音声を聞き、下線部に適切な中国語を入れてください。　Audio 41

---

❶ あなたは車を速く走らせすぎる。

你开车＿＿＿＿＿＿＿＿＿。

---

❷ 今回の試験はどうだった？

你这次＿＿＿＿＿＿＿＿＿？

---

❸ ずっと座っていて足が痺れた。

我坐得＿＿＿＿＿＿＿。

---

❹ 最近はいかがお過ごしですか？

你最近＿＿＿＿＿＿＿＿＿？

---

❺ この料理はしょっぱすぎて食べられない。

这个菜咸得＿＿＿＿＿＿＿。

---

❻ 今日はとても寒くて冬みたいだ。

今天冷得＿＿＿＿＿＿＿＿＿。

---

❼ 王先生は話すのが遅い。

王老师说话＿＿＿＿＿＿＿。

---

❽ 二人はとても仲良しで、まるで兄弟のようだ。

他们俩好得＿＿＿＿＿＿＿＿＿。

---

❾ 彼は酔っぱらって立つこともできない。

他醉得站都＿＿＿＿＿＿＿。

---

❿ 彼は芸能人の物真似がとても上手だ。

他模仿艺人＿＿＿＿＿＿＿＿＿。

---

⑪ 張先生の授業はとても面白い。

張老师的课＿＿＿＿＿＿＿＿。

⑫ この件についてあなたは簡単に考え過ぎだ。

这件事你＿＿＿＿＿＿＿＿。

⑬ 早食いは体に良くない。

吃饭＿＿＿＿＿＿＿对身体不好。

⑭ この料理を食べたら辛くて汗だくになった。

这个菜把我辣得＿＿＿＿＿＿＿。

⑮ このズボンは細すぎて履けない。

这条裤子已经＿＿＿＿＿＿＿＿。

⑯ この件についてあなたのやり方はひどすぎる。

这件事你做得＿＿＿＿＿＿。

⑰ このパソコンは古くてもう使えない。

这台电脑已经旧得＿＿＿＿＿＿。

⑱ 彼女はとてもきれいで、女優みたいだ。

她＿＿＿＿＿＿，就像明星一样。

⑲ 王さんはいつも物事に対して考えが行き届いている。

小王考虑事情总是＿＿＿＿＿＿＿。

⑳ 彼女は本を読むのに夢中で、何度も呼んでも気づかなかった。

她＿＿＿＿＿＿，我叫了她好几声她也没听见。

( ) 内の中国語を並べ替え、文を完成させてください。 **Audio** **42**

1 お茶が熱すぎて飲め (烫　茶　喝　得　没法儿)
ない。

2 彼は興奮のあまり一 (一夜　得　没　他　睡　兴奋)
晩中眠れなかった。

3 ことは至極順調に進 (进行　得　顺利　事情　十分)
んでいます。

4 外がうるさくて眠れ (得　吵　外面　我　觉　着　睡　不)
ない。

5 彼は緊張して頭に汗 (一头　他　得　了　紧张　汗　出)
をかいた。

6 わたしの姉は料理が (好吃　做　做菜　得　很　我姐姐)
上手だ。

7 想像できないほど値 (贵　让　得　价格　难以　人　想像)
段が高い。

8 彼女は泣きすぎて目 (眼睛　哭　得　她　了　都　肿起来)
が腫れてしまった。

9 子どもたちは怖くて (吓　捂住了　眼睛　得　孩子们)
目を覆った。

10 この写真はあまりき (不太　照　清楚　得　这张照片)
れいに撮れていない。

＊音声は解答ページ *p.*206 を参照してください。

⑪	彼の体は火のように熱い。	（ 热　一样　像　得　他的身体　火 ）
⑫	カラオケで歌いすぎて喉が枯れてしまった。	（ 都　唱　嗓子　唱卡拉OK　了　得　哑 ）
⑬	彼女は部屋をきれいに掃除した。	（ 把　干干净净的　打扫　房间　得　她 ）
⑭	お母さんは餃子を包むのが速いし上手だ。	（ 又快又好　包饺子　包　妈妈　得 ）
⑮	この双子は顔が瓜二つだ。	（ 得　对　这　长　一模一样　双胞胎 ）
⑯	あのことをわたしはきれいさっぱり忘れてしまった。	（ 被　一干二净　忘　我　那件事儿　得 ）
⑰	この箱は重くて2人では運べない。	（ 抬不动　箱子　两个人　重　得　这个　都 ）
⑱	バスのなかは混み合っていて少しも動けない。	（ 里　得　动不了　挤　一点儿　都　公交车 ）
⑲	彼は歩くのが速すぎて付いていけない。	（ 他　得　太　走　快　跟不上　了　我 ）
⑳	わたしたちの接待が行き届いておらず、大変申し訳ありません。	（ 得　招待　很　请　我们　原谅　不周到　您 ）

A：小李，好久不见了！

B：你是……，啊，小王？你怎么了？

　　_____！

A：这半年，我瘦了十多公斤呢。

B：真羡慕你啊！我也想减肥啊。你看，我这啤酒肚

　　_____。你快告诉我你是怎么减肥的！

A：其实我也没有什么好方法。自从半年前我进了一

　　家黑公司，体重就不断下降啊。

B：黑公司？怎么回事儿？

A：工作 _____，加班要加到十一点呢！每

　　天一回家就 _____。

B：_____，_____，难怪会

　　瘦成这样。不过，加班 _____，一定

　　_____ 吧？

A：_____ 有什么用啊？每天 _____，

　　日子 _____。

B：这种公司太不像话了，早点儿辞了吧！

A：我也觉得这种工作 ＿＿＿＿＿＿＿，每天都在想辞

职的事儿。

B：要不你来我的公司吧。

A：你的公司？你当老板了？

B：一家小公司，算不了什么。我的公司虽然没有加

班费，不过每天加班只到十点。怎么样？

日本語訳

A：李さん、お久しぶり！

B：えっと、どなた……　あっ、王さん？　どうしたの？　こんなに痩せちゃって、誰か
　　と思ったよ！

A：この半年間で 10 キロ以上も痩せたよ。

B：羨ましいなあ！　俺もダイエットしたいよ。ほら見て、このビール腹、妊婦みたい
　　だろう。君はどうやって痩せたの？　俺に教えてよ。

A：特にいい方法があるわけじゃないよ。実は半年前、あるブラック企業に入ってか
　　ら、体重がどんどん落ちてさ。

B：ブラック企業？　どういうこと？

A：仕事が忙しくててんてこまいで、11 時まで残業だよ。家に帰るとへとへとで、
　　すぐベッドに倒れこんで寝るような毎日だよ。

B：食事が不規則で、ちゃんと休めないんだね。道理でこんなに痩せたわけだ。でも
　　そんなに残業してるんだから、たくさん稼いでるんだろう？

A：たくさん稼いでも、毎日忙しくて使う時間がなければ意味がないよ。もう本当に
　　悲惨な生活だよ。

B：そんな会社はあんまりだな。早く辞めちまえ。

A：こんな仕事をやっててもおもしろくないと思って、毎日辞めることを考えてるん
　　だよ。

B：なんなら俺の会社に来る？

A：あなたの会社？　社長になったの？

B：小さい会社だから大したことないさ。うちは残業代は出ないけど、毎日 10 時ま
　　でしか残業しないよ。どう？

"吃得多" と "多吃"

a: 我家面吃得<u>多</u>，米吃得<u>少</u>。

Wǒ jiā miàn chīde duō, mǐ chīde shǎo.

うちはお米より小麦粉料理をよく食べます。

b: 你应该<u>多</u>吃蔬菜<u>少</u>吃肉。

Nǐ yīnggāi duō chī shūcài shǎo chī ròu.

野菜を多く、肉類は少なめに食べるべきですよ。

　例 a の "多" と "少" は様態補語で、例 b の "多" と "少" は連用修飾語です。

　様態補語の "吃得多 / 吃得少" は「食べる量（回数）が多い / 少ない」という意味で、「食事の状況はどうだ」と状態を表すのに対して、"多吃 / 少吃" は「たくさん食べる / 少なめに食べる」という意味で、「どのように食べるのか」と方式を表します。似た例文をもう 1 組見てみましょう。

様態補語

奶奶走得很慢。

Nǎinai zǒude hěn màn.

おばあちゃんは歩くのが遅いです。

（「歩く様子はどうだ」と状態に
ついて述べている）

連用修飾語

天黑了，您慢走。

Tiān hēi le, nín màn zǒu.

暗くなったから、気をつけて歩いてくださいね。

（「どう歩くか」と方式について述べている）

第5章

程度補語

1 程度補語の基本形

基本形1："得"があるタイプ

形容詞 / 動詞 ＋ "得" ＋ 程度補語

（"很"、"慌"、"多"、"要命"、"不得了"……）

- -

例 儿子的玩具多得很。
Érzi de wánjù duōde hěn.
息子のおもちゃはものすごくいっぱいある。

我心里憋得慌，想出去走走。
Wǒ xīn li biēde huang, xiǎng chūqu zǒuzou.
心のなかがむしゃくしゃするので、散歩に出かけたい。

基本形2："得"がないタイプ

形容詞 / 動詞 ＋ 程度補語

（"极了"、"多了"、"死了"、"坏了"、"透了"……）

- -

例 我最近忙极了。
Wǒ zuìjìn máng jíle.
最近は猛烈に忙しい。

今天比昨天凉快多了。
Jīntiān bǐ zuótiān liángkuai duōle.
今日は昨日よりずっと涼しい。

　程度補語は、**形容詞と一部動詞（主に心理や感覚を表す動詞）の後ろに置いて、その程度の甚だしさを強調する補語**です。

2 程度補語の特徴と用法

　程度補語に使われる語句は限られていて、その使用は口語に多く見られます。程度補語はほとんど程度の甚だしさを表すという共通点があるので、言い換えられることも多いですが、それぞれ表す意味とニュアンスに特徴があります。では一つずつ見ていきましょう。

Audio 45

⑴ "得" があるタイプ

1. "−得很"

　"−得很" は "特別〜" や "非常〜" などの程度副詞が表す意味と同じです。"特別〜"、"非常〜" の形で言えるものはほとんど "−得很" の形で言い換えることができます。

−得很

❶ 那家超市的东西贵<u>得很</u>。
Nèi jiā chāoshì de dōngxi guìde hěn.
あのスーパーのものは非常に高い。　　　≒那家超市的东西非常贵。

❷ 这个菜辣<u>得很</u>。
Zhèige cài làde hěn.
この料理はとても辛い。　　　　　　　≒这个菜特别辣。

❸ 他心里难过<u>得很</u>。
Tā xīn li nánguòde hěn.
彼は非常に悲しんでいる。　　　　　　　≒他心里非常难过。

❹ 奶奶对孙子疼爱<u>得很</u>。
Nǎinai duì sūnzi téng'àide hěn.
おばあさんはすごく孫をかわいがっている。≒奶奶对孙子特别疼爱。

2. "－得慌"

"－得慌" は生理的に不快な感覚を表す形容詞や動詞と結びついて、感覚的にある程度を越えていて耐えられないことを表します。

－得慌

❶ 我没吃早饭，现在饿得慌。
Wǒ méi chī zǎofàn, xiànzài ède huang.
朝ごはんを食べなかったので、今はお腹が空いていて耐えられない。

❷ 在家觉得闲得慌，想出去走走。
Zài jiā juéde xiánde huang, xiǎng chūqu zǒuzou.
家にいると退屈だから、ちょっと散歩に出かけたい。

❸ 吃多了，肚子涨得慌。
Chīduō le, dùzi zhàngde huang.
食べ過ぎてお腹がぱんぱんで苦しい。

❹ 我有点儿累得慌，想休息一会儿。
Wǒ yǒudiǎnr lèide huang, xiǎng xiūxi yíhuìr.
ちょっと疲れたからしばらく休みたい。

3. "－得多"

"－得多" は比較文に使い、差が大きいことを表します。「ずっと～；よほど～」という意味です。

－得多

❶ 他比我大得多。
Tā bǐ wǒ dàde duō.
彼はわたしよりだいぶ年上だ。

❷ 坐飞机比坐火车快<u>得多</u>。

Zuò fēijī bǐ zuò huǒchē kuàide duō.

汽車よりは、飛行機に乗ったほうがずっと速い。

❸ 原作比电影有意思<u>得多</u>。

Yuánzuò bǐ diànyǐng yǒu yìside duō.

原作は映画よりはるかにおもしろい。

❹ 她看起来比实际年龄年轻<u>得多</u>。

Tā kànqilai bǐ shíjì niánlíng niánqīngde duō.

彼女の見た目は実際年齢よりずっと若い。

　"−得多" は "−多了（→ *p.*143）" と意味が同じで、言い換えることができます。

4. "−得厉害"

　"−得厉害" は好ましくない意味の形容詞や動詞と結びつきます。心理・感覚動詞以外の動詞と結びつくこともあります。

−得厉害

❶ 伤口疼<u>得厉害</u>。

Shāngkǒu téngde lìhai.

傷口の痛みがひどい。

❷ 这几天热<u>得厉害</u>，小心中暑。

Zhè jǐ tiān rède lìhai, xiǎoxīn zhòngshǔ.

ここ数日はものすごく暑いので、暑気あたりに注意しなければいけない。

❸ 这个孩子淘气<u>得厉害</u>。

Zhèige háizi táoqìde lìhai.

この子は相当わんぱくだ。

❹ 你咳嗽得厉害，还是去医院看看吧。

Nǐ késoude lìhai, háishi qù yīyuàn kànkan ba.

咳がかなりひどいから、やはり病院に行って診てもらったほうがいいよ。

"−得厉害" は "−得很" と言い換えられることが多いですが、"−得很" は好ましいことにも、好ましくないことにも使えるのに対して、"−得厉害" は好ましくないことに使うことが多いです。

5."−得要命／要死"

"−得要命／要死" はくだけた言い方で、「死ぬほど〜：〜て死にそう」という意味を表します。"要命" と "要死" はお互いに言い換えられ、意味の差はありません。

−得要命／要死

❶ 最近我们公司忙得要命。

Zuìjìn wǒmen gōngsī mángde yàomìng.

最近うちの会社は忙しくて死にそうだ。

❷ 这道菜盐放得太多了，咸得要命。

Zhèi dào cài yán fàngde tài duō le, xiánde yàomìng.

この料理は塩を入れ過ぎた。しょっぱくてしょうがない。

❸ 女儿两天没回家了，爸爸妈妈急得要死。

Nǚ'ér liǎng tiān méi huí jiā le, bàba māma jíde yàosǐ.

娘が2日間も家に帰っていないので、両親は死ぬほど焦っている。

❹ 那个城市的物价贵得要死。

Nèige chéngshì de wùjià guìde yàosǐ.

あの都市の物価はめちゃくちゃ高い。

"－得要命／要死"はほとんど好ましくないことに使いますが、少ない
ながらも好ましいことにも使うことがあります。

❶ 两个人感情好得要命。

Liǎng ge rén gǎnqíng hǎode yàomìng.

二人はものすごく仲がいい。

❷ 他买彩票中了头奖，高兴得要死。

Tā mǎi cǎipiào zhòngle tóujiǎng, gāoxìngde yàosǐ.

彼は一等の宝くじに当たったので、大喜びだ。

6. "－得不得了／了不得"

"－得不得了／了不得"の意味と用法は "－得要命／要死" とほとん
ど同じで、言い換えることができます。

－得不得了／了不得

❶ 听到这个消息，他高兴得不得了。

Tīngdào zhèige xiāoxi, tā gāoxìngde bùdéliǎo.

このニュースを聞いて彼はものすごく喜んだ。

❷ 她对动漫喜欢得不得了。

Tā duì dòngmàn xǐhuande bùdéliǎo.

彼女は漫画とアニメが大好きだ。

❸ 离交稿日期没有几天了，他急得不得了。

Lí jiāogǎo rìqī méiyou jǐ tiān le, tā jíde bùdéliǎo.

原稿の締め切りまでもう何日間もないので、彼は大変焦っている。

❹ 听说他出了交通事故，大家都担心得不得了。

Tīngshuō tā chūle jiāotōng shìgù, dàjiā dōu dānxīnde bùdéliǎo.

彼が交通事故に遭ったと聞いて、みんな大変心配している。

"不得了"と"了不得"と言い換えることもありますが、実際には、"−得不得了"の言い方のほうが圧倒的に多いです。

"得"があるタイプの程度補語には、以上に紹介したもの以外に、"−得不行（〜てたまらない）""−得够呛（ひどく〜）""−得什么似的（いいようがないほど〜）"などのものもありますが、使用頻度は比較的低く、地域性も強いので、ここでは省くことにします。

Audio 46

(2) "得"がないタイプ

1. "−极了"

"−极了"はさまざまな形容詞の後ろにつけて、程度が極めて高いことを表します。日本語の「最高に〜」のイメージに近いです。

一极了

❶ 今年夏天热极了。
Jīnnián xiàtiān rè jíle.
今年の夏はものすごく暑い。

❷ 这场足球赛精彩极了。
Zhèi cháng zúqiúsài jīngcǎi jíle.
今回のサッカーの試合は最高だった。

❸ 你煮的咖啡味道好极了。
Nǐ zhǔ de kāfēi wèidao hǎo jíle.
君が淹れたコーヒーの味は最高だよ。

❹ 出生后刚满一个月的小猫可爱极了。
Chūshēng hòu gāng mǎn yí ge yuè de xiǎomāo kě'ài jíle.
生まれて一カ月しかたっていない子猫は最高に可愛い。

2. "－多了"

"－多了"は"－得多"と同じ、比較文に使い、比較の差の甚だしさを表します。

－多了

❶ 他比以前胖多了。
Tā bǐ yǐqián pàng duōle.
彼は以前よりだいぶ太った。

❷ 结果比我想像的好多了。
Jiéguǒ bǐ wǒ xiǎngxiàng de hǎo duōle.
結果は想像したよりずっとよかった。

❸ 一年没见，这孩子比去年高多了。
Yì nián méi jiàn, zhè háizi bǐ qùnián gāo duōle.
1年会っていないうちにこの子は去年よりだいぶ背が伸びた。

❹ 这件事如果他肯帮忙就好办多了。
Zhèi jiàn shì rúguǒ tā kěn bāngmáng jiù hǎo bàn duōle.
彼が手伝ってくれるならこの件はずっとやりやすくなる。

「AはBよりずっと〜」のような典型的な比較文でなくても、"－多了"を使うこともあります。例えば、"这件事如果他肯帮忙就好办多了"という文は、はっきりとAとBが現れていないのですが、"他不帮忙（＝B）"よりも"他肯帮忙（＝A）"のほうが"好办"、という比較の意味が含まれるので、"多了"が使われています。

3. "－死了"

"－死了"はほとんど好ましくない意味の形容詞の後ろにつけます。"－極了"と言い換えることができますが、"－死了"のほうが「嫌だ」という感情的なニュアンスがより強いです。

－死了

❶ 那个人真是讨厌死了。
Nèige rén zhēnshi tǎoyàn sǐle.
あの人は本当に嫌だ。

❷ 屋里闷死了，把窗户打开吧。
Wūli mēn sǐle, bǎ chuānghu dǎkāi ba.
部屋のなかがむっとしているから、窓を開けよう。

❸ 你出了一身汗，脏死了! 快去洗澡!
Nǐ chūle yì shēn hàn, zāng sǐle! Kuài qù xǐzǎo!
汗びっしょりで汚いね。早くお風呂に入りなさい。

❹ 这个发型真是难看死了。
Zhèige fàxíng zhēnshi nánkàn sǐle.
この髪型は本当にひどいね。

"－死了"はくだけた言い方として、好ましいことに使うこともあります。

这个蛋糕是你做的吗? 好吃死了!
Zhèige dàngāo shì nǐ zuò de ma? Hǎochī sǐle!
このケーキは君が作ったの? めっちゃおいしい!

4. "-坏了"

　"坏"はもともと「壊れる」という意味で、"-坏了"は感情や感覚を表す形容詞や動詞の後ろにつけて、その度合いが非常に高い（＝「壊れるくらい」）ことを表します。

-坏了

❶ 今天在外面跑了一天，累坏了。
Jīntiān zài wàimiàn pǎole yì tiān, lèi huàile.
今日は一日外を回ったので、めちゃくちゃ疲れた。

❷ 那件事把他气坏了。
Nèi jiàn shì bǎ tā qì huàile.
あのことで彼は腹が立ってしょうがない。

❸ 一天没吃饭，饿坏了。
Yì tiān méi chī fàn, è huàile.
一日ご飯を食べていないので、お腹が空いてたまらない。

❹ 她刚才亲眼见到了自己最喜欢的演员，激动坏了。
Tā gāngcái qīnyǎn jiàndàole zìjǐ zuì xǐhuan de yǎnyuán, jīdòng huàile.
彼女はさっき一番好きな俳優に会えて、ものすごく興奮した。

第5章 ------ 程度補語

5. "−透了"

"透"は「徹底している、完全に」という意味で、"−透了"は好ましくない意味の形容詞や動詞の後ろにつけて、最悪な状態になったことを表します。

−透了

❶ 那个家伙简直坏透了。
Nèige jiāhuo jiǎnzhí huài tòule.
あいつは本当に悪い奴だ。

❷ 这次考试的成绩糟透了。
Zhèi cì kǎoshì de chéngjì zāo tòule.
今回のテストの成績は最悪だった。

❸ 我已经对他失望透了。
Wǒ yǐjīng duì tā shīwàng tòule.
彼には完全に失望した。

❹ 深爱的男朋友背叛了她，她伤心透了。
Shēn ài de nánpéngyou bèipànle tā, tā shāngxīn tòule.
深く愛していた恋人に裏切られて、彼女は大変傷ついた。

6. "−远了"

"远"は「距離が遠い」という意味で、"−远了"は形容詞 "差"だけと結びついて、差が遥かにあることを表します。"差得远"と同じ意味です（"−多了" = "−得多"と同じパターンです）。

一差远了

❶ 我的汉语水平和他比差远了。

Wǒ de Hànyǔ shuǐpíng hé tā bǐ chà yuǎnle.

彼に比べたらわたしの中国語のレベルはまだまだだ。

❷ 要论质量，这种比那种差远了。

Yào lùn zhìliang, zhèi zhǒng bǐ nèi zhǒng chà yuǎnle.

品質の面において、この種類はあの種類に全く及ばない。

❸ A 队的实力比 B 队差远了。

A duì de shílì bǐ B duì chà yuǎnle.

A チームの実力は B チームにはるかに劣る。

❹ 这两种茶看起来差不多，可味道差远了。

Zhè liǎng zhǒng chá kànqilai chàbuduō, kě wèidao chà yuǎnle.

この2種類のお茶は見た目はほとんど同じだが、味が全然違う。

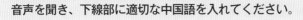

センテンスでトレーニング

音声を聞き、下線部に適切な中国語を入れてください。 Audio 47

---

❶ 外は寒くてたまらないから、出かけるのはやめなさい。

外面＿＿＿＿＿＿＿，别出去了。

---

❷ 歯が痛すぎて、ご飯も食べられない。

牙＿＿＿＿＿＿＿，连饭都吃不了。

---

❸ 彼の部屋はひどく散らかっていて、足の踏み場もない。

他的房间＿＿＿＿＿＿，简直没地方下脚。

---

❹ この靴は通気性が悪いので、履いていると熱くてたまらない。

这双鞋不透气，穿着＿＿＿＿＿＿。

---

❺ 子どもの熱がひどいので、早く病院に連れて行きましょう。

孩子＿＿＿＿＿＿＿，赶快送医院吧。

---

❻ 昨日の夜は寝ていないので、今眠くて死にそうだ。

昨天晚上没睡觉，现在＿＿＿＿＿＿＿。

---

❼ ずっと水を飲んでいないので、皆のどが乾ききってしまった。

一直没有水喝，大家都＿＿＿＿＿＿。

---

❽ もう言わないで、わかってるよ。うるさいなあ！

你别再说了，我知道了。＿＿＿＿＿＿！

---

❾ あの小説を読んでから、心がひどくふさぎ込んでいる。

看了那本小说以后，心里一直觉得＿＿＿＿＿＿。

---

❿ お父さんが外国から帰ってきたので、子どもたちは大喜びだ。

爸爸从国外回来了，孩子们都＿＿＿＿＿＿＿＿。

---

⑪ 風邪を引いたので、のどがひどく痛い。

　我感冒了，_____。

⑫ ここ数日することがなく、暇でしょうがない。

　这几天没事儿干，_____。

⑬ 何時間も船に乗っていたので、ひどく酔ってしまった。

　坐了好几个小时船，_____。

⑭ ここの所ずっと上手くいかない、まったくついていない。

　这些日子一直不顺，_____。

⑮ 彼は初めてバンジージャンプをするので、怖くてたまらない。

　他第一次玩儿蹦极，_____。

⑯ 父はそのことを聞いてひどく怒ってしまった。

　父亲听了那件事，_____。

⑰ 足の裏を蚊に食われてしまって、かゆくてたまらない。

　脚心上被蚊子叮了，_____。

⑱ 彼女の日本語は大変上手で、まったく日本人みたいだ。

　她的日语_____，简直和日本人一样。

⑲ この映画の第２部は第１部に比べて全然面白くない。

　这个电影的第二部比第一部_____。

⑳ 一匹の犬が突然わたしに向って走ってきたので、びっくりしてしまった。

　一只狗突然向我跑过来，把我_____。

（　）内の中国語を並べ替え、文を完成させてください。　Audio　48

❶ 彼女が作る料理は非常に美味しい。

（ 好吃　菜　很　得　她　做　的 ）

❷ ここの風景は本当に美しい！

（ 风景　极了　这里　美　真　的 ）

❸ 彼は体がとても丈夫だ。

（ 棒　很　他　的　身体　得 ）

❹ 今回のテストはひどく難しかった。

（ 考试　的　不得了　这次　难　得 ）

❺ あの国の政治家は腐り切っている。

（ 那个　官员　腐败　透了　的　国家 ）

❻ 彼は以前よりもだいぶ大人になった。

（ 他　成熟　以前　多了　比 ）

❼ セーターの首回りがひどくチクチクする。

（ 慌　领子　扎　得　毛衣　的 ）

❽ 彼の中国語はとても上手だ。

（ 汉语　他　得　很　的　流利 ）

❾ 一日中農作業をしたので、疲れて死にそうだ。

（ 累　农活儿　干　要死　一天　得　了 ）

❿ ゴールデンウィークの観光地は人が非常に多い。

（ 旅游景点　极了　黄金周　人　的　多 ）

＊音声は解答ページ p.209 を参照してください。

⑪ 航空券を買うのが以前よりずっと便利になった。 （ 多了　买　比　方便　飞机票　以前 ）

⑫ 農村と都市の生活条件は全然違う。 （ 农村　远了　和　的　生活条件　差　城市 ）

⑬ ちょうどラッシュアワーなので、電車の中はぎゅうぎゅう詰めだ。 （ 电车　挤　高峰时间　正　要命　得　是　现在 ）

⑭ この地方はここ数年環境汚染がひどい。 （ 最近　这个地方　污染　得　几年　厉害 ）

⑮ 彼は自分のしたことに対して非常に後悔している。 （ 他　得　自己　做　的　事　对　后悔　不得了 ）

⑯ 手続きがひどく複雑で、本当に嫌になってしまった。 （ 得　真　要命　烦　手续　透　了　复杂 ）

⑰ この会社の待遇はあの会社に比べて断然よい。 （ 这家公司　的　好　待遇　比　那家　多了 ）

⑱ あなたは体中たばこのにおいがして、臭いったらありゃしない。 （ 一身　你　烟味儿　死了　难闻 ）

⑲ 今日財布をなくしてしまった、まったくついてないったらありゃしない。 （ 倒霉　今天　透了　了　真　把　钱包　丢 ）

⑳ 彼は昨晩家に帰ってこなかったので、家の人が皆ひどく焦ってしまった。 （ 他　回家　急　没　坏了　家里人　都　昨晚 ）

A：喂！喂！

B：您是在叫我吗？

A：当然了！你看，那儿有蟑螂！你快去处理一下。

B：我可不敢。我怕蟑螂怕 _____ 啊！

A：说什么呢？这不是你的工作吗？

B：什么？我又不是抓蟑螂的。真是可笑 _____ ！

A：你这是什么态度？我今天心情不好，本来心里就

　憋 ____，又碰上你这个家伙，真是倒霉 ____。

B：你有病吧？

A：你说什么？气死我了！叫你们店长来！

B：等一下，你有没有搞错啊？

A：搞错？我从进这家店门后就一直在生气。店里脏

得 ＿＿＿，上菜也慢 ＿＿，味道难吃 ＿＿＿。真是糟

＿＿！世界上哪家饭馆儿都比这儿好 ＿＿！

B：看来您是气 ＿＿ 吧？我可不是这里的服务员，我也

是来吃饭的客人。

|日本語訳|

A：おい、おい！
B：わたしのことを呼んでるんですか？
A：当たり前だ！見ろ、そこにゴキブリがいるぞ。早くなんとかしてくれ。
B：無理です。わたしはゴキブリが死ぬほど怖いんです。
A：何を言ってるんだ？ これはあんたの仕事だろう。
B：え？ わたしはゴキブリ退治業者じゃないですよ、まったくおかしなことを言いますね。
A：なんだその態度は！ 今日はもともとむしゃくしゃしていたのに、またあんたみたいなやつに会って最悪だ。
B：頭がおかしいんじゃないですか？
A：なんだと？ もう怒ったぞ、店長を呼んでこい！
B：ちょっと待ってください。何か誤解していませんか？
A：誤解だと？ 俺はこの店に入ってからずっと怒ってるんだよ。店は汚いし、料理が出るのも遅いし、味もまずい。もう本当に最悪だよ！ 世界中どこの店でもここよりはずっといいよ！
B：怒りすぎておかしくなったんじゃないですか？ わたしはここの店員じゃなくて、食事をしにきた客ですよ。

様態補語と程度補語の分類について

様態補語

他高兴得跳起来了。
Tā gāoxìngde tiàoqilai le.
彼は嬉しくて飛び上がった。

程度補語

他高兴得<u>不得了</u>。
Tā gāoxìngde bùdeliǎo.
彼は嬉しくてしょうがないようだ。

他高兴<u>极了</u>。
Tā gāoxìng jíle.
彼はものすごく嬉しそう。

　前の章の様態補語に続いて、この章では程度補語を学習しました。しかし、以上の例のように、「様態」と「程度」の境界線ははっきりしているわけではありません。「飛び上がる」という様態も広い意味では一種の程度と言えます。

　様態補語も程度補語も動詞や形容詞の状態や程度を描写するという共通点があることから、文法書によっては程度補語と様態補語を同じ種類の補語に分類するものも少なくありません。本書は、程度補語は使われる語句と形が限られていること、また、形容詞と一部限られた動詞（主に心理や感覚を表す動詞）の後ろしか現れないという特徴に着目し、様態補語と別で扱いました。

第**6**章

数量補語

1　数量補語の基本形

基本形: 動詞 ＋ 数量補語 (時間・回数)

例▶ 他睡了<u>十个小时</u>。
Tā shuìle shí ge xiǎoshí.
彼は 10 時間寝た。

这辆车修过<u>一次</u>。
Zhèi liàng chē xiūguo yí cì.
この車は一度修理したことがある。

2　数量補語の特徴と用法

　数量補語は**動作・状態の継続時間を表す時間量補語**と、**動作・行為の回数を表す動作量補語**の2種類に分けることができます。

　動詞に目的語を伴わない場合、上の例文のように動詞の後ろに数量補語をつけます。目的語を伴う場合は、目的語の位置はその性質によって変わります。

(1) **目的語が一般名詞の場合、数量補語は目的語の前に置ける。**

❶ 我看了<u>半个小时</u>（的）电视。
Wǒ kànle bàn ge xiǎoshí (de) diànshì.
わたしは 30 分テレビを見た。

❷ 他在大学学过<u>一年</u>（的）汉语。
Tā zài dàxué xuéguo yì nián (de) Hànyǔ.
彼は大学で1年間中国語を勉強したことがある。

❸ 我吃过一次北京烤鸭。

Wǒ chīguo yí cì Běijīng kǎoyā.

わたしは北京ダックを一度食べたことがある。

❹ 我看了两遍那个电影。

Wǒ kànle liǎng biàn nèige diànyǐng.

わたしはあの映画を2回見た。

　時間量の後ろには"的"を加えることができます。この場合、時間量は目的語の連体修飾語と見なされることができます。

　動詞が**離合動詞**の場合も以上と同じ語順になります。

離合動詞：「動詞＋目的語」型の2音節動詞

"结婚"［結婚する］　　"离婚"［離婚する］

"排队"［列に並ぶ］　　"吵架"［喧嘩する］

"请假"［休みを取る］ "洗澡"［入浴する］ など。

---

❶ 她离过一次婚。

Tā líguo yí cì hūn.

彼女は一度離婚したことがある。

❷ 我排了两个小时（的）队才买到票。

Wǒ páile liǎng ge xiǎoshí (de) duì cái mǎidào piào.

わたしは2時間列に並んでやっとチケットが買えた。

「動詞＋目的語＋動詞＋数量補語」というふうに、動詞を繰り返して言うこともあります。

---

❶ 他们打麻将打了<u>一整夜</u>。

Tāmen dǎ májiàng dǎle yì zhěng yè.

彼らは一晩中マージャンをやっていた。

❷ 洗衣服洗了<u>三回</u>也没洗完。

Xǐ yīfu xǐle sān huí yě méi xǐwán.

3回も洗濯したがまだ洗濯物が残っている。

Audio 52

(2) 目的語が場所または人（人称代詞ではない人名など）の場合、数量補語は目的語の前でも後ろでもよい。

---

❶ 我去过几次上海。

Wǒ qùguo jǐ cì Shànghǎi.

わたしは何回か上海に行ったことがある。

　　　　　　　　　　　　　　　＝我去过上海几次。

❷ 他已经去过两次长城了。

Tā yǐjīng qùguo liǎng cì Chángchéng le.

彼はもう2回も長城に行ったことがある。　　＝他已经去过长城两次了。

❸ 我见过一次陆老师。

Wǒ jiànguo yí cì Lù lǎoshī.

わたしは一度陆先生に会ったことがある。

　　　　　　　　　　　　　　　＝我见过陆老师一次。

❹ 儿子看了一眼爸爸，低下了头。

Érzi kànle yì yǎn bàba, dīxiàle tóu.

息子はお父さんをちらりと見て、頭を下げた。

　　　　　　　　　　＝儿子看了爸爸一眼，低下了头。

時間や回数を強調する場合、前置することもあります。

❶ 情况紧急，一分钟也不能耽误。
Qíngkuàng jǐnjí, yì fēnzhōng yě bù néng dānwu.
緊急事態なので、1分たりとも遅らせてはいけない。

❷ 长城我一次也没去过。
Chángchéng wǒ yí cì yě méi qùguo.
長城は一度も行ったことがない。

(3) 目的語が人称代詞の場合、数量補語は目的語の後ろに置ける。

❶ 我们等了他一个多小时。
Wǒmen děngle tā yí ge duō xiǎoshí.
わたしたちは彼を1時間以上待った。

❷ 老师批评了他很长时间。
Lǎoshī pīpíngle tā hěn cháng shíjiān.
先生は彼を長々と叱っていた。

❸ 我只见过她一次。
Wǒ zhǐ jiànguo tā yí cì.
わたしは一度しか彼女に会ったことがない。

❹ 他狠狠地瞪了我一眼。
Tā hěnhěn de dèngle wǒ yì yǎn.
彼は憎々しげにわたしをにらみつけた。

第6章 ----- 数量補語

3 経過時間を表す数量補語

数量補語を"結婚"、"毕业"、"死"、"来"、"认识"など、持続できない動作・行為を表す動詞（瞬間動詞）の後ろに付ける場合、その動作・行為が発生して、どのくらい時間を経過しているかを表します。

---

❶ 你来日本多久了?
Nǐ lái Rìběn duō jiǔ le?
日本に来てどのくらい経ちますか。

❷ 他们俩结婚已经二十年了。
Tāmen liǎ jiéhūn yǐjīng èrshí nián le.
彼らは結婚してもう20年になる。

❸ 我奶奶去世快三年了。
Wǒ nǎinai qùshì kuài sān nián le.
わたしの祖母が亡くなってからもうすぐ3年になる。

❹ 他已经毕业两年了，可还没找到工作。
Tā yǐjīng bìyè liǎng nián le, kě hái méi zhǎodào gōngzuò.
彼は卒業して2年になるが、まだ仕事が見つからない。

❺ 两个人认识还不到三个月就结婚了。
Liǎng ge rén rènshi hái bú dào sān ge yuè jiù jiéhūn le.
二人は出会って3カ月も経たないうちに結婚した。

瞬間動詞の他、結果補語・方向補語を伴う動詞フレーズも動作がすでに完了したことを表すので、その後ろの数量補語も経過時間を表します。

---

❶ 我们搬到这里一年多了，已经习惯了。
Wǒmen bāndào zhèli yì nián duō le, yǐjīng xíguàn le.
わたしたちはここに引っ越して1年あまり経ったので、もう慣れた。

❷ 吃完饭半个小时再吃药。
Chīwán fàn bàn ge xiǎoshí zài chī yào.
食後30分経ってから薬を飲む。

❸ 他从国外回来已经两年了。
Tā cóng guówài huílai yǐjīng liǎng nián le.
彼は海外から戻ってもう2年経った。

❹ 小王刚出去不一会儿。
Xiǎo Wáng gāng chūqu bù yíhuìr.
王さんは出かけてまだ間もない。

❺ 已经寄去好几天了，还没收到吗？
Yǐjīng jìqu hǎojǐ tiān le, hái méi shōudào ma?
郵送してもう何日間も経ったのにまだ届いていないのですか。

■ いろいろな動量詞

ものの数を数える名量詞に比べて、動作の回数を数える動量詞の種類は少ないです。ここでよく使われる動量詞をまとめたので、その相違点と用法に注意してしっかり覚えましょう。

次 動作の回数を表す最も広く使われる動量詞

我去过一<u>次</u>欧洲。

Wǒ qùguo yí cì Ōuzhōu.

わたしは一度ヨーロッパへ行ったことがある。

回 "次"とほとんど同じが、より口語的な言い方

我也买过几<u>回</u>奖券。

Wǒ yě mǎiguo jǐ huí jiǎngquàn.

わたしも何回か宝くじを買ったことがある。

遍 同じ動作を始めから終わりまでリピートの回数

大家跟我再读一<u>遍</u>课文。

Dàjiā gēn wǒ zài dú yí biàn kèwén.

みなさんもう一度わたしのあとについて本文を読んでください。

趟 往復する動作の回数

白跑了一<u>趟</u>。

Bái pǎole yí tàng.

無駄足を運んだ。

下 短時間、気軽に行う動作の回数

他拍了一<u>下</u>我的肩膀。

Tā pāile yí xià wǒ de jiānbǎng.

彼はぽんとわたしの肩を叩いた。

顿 食事や叱る・殴ることの回数

他昨天请我吃了一<u>顿</u>饭。

Tā zuótiān qǐng wǒ chīle yí dùn fàn.

彼は昨日わたしに食事をおごってくれた。

今天被老师说了一<u>顿</u>。

Jīntiān bèi lǎoshī shuō le yí dùn.

今日（一回）先生に怒られた。

番 労力や時間をかけて行う回数

他把情况又详细地介绍了一<u>番</u>。

Tā bǎ qíngkuàng yòu xiángxì de jièshàole yì fān.

彼はもう一度状況を詳しく説明した。

阵 風雨・声・音・感覚など一定時間続く事象・動作の回数

突然起了一<u>阵</u>风。

Tūrán qǐle yí zhèn fēng.

突然風が立った。

会场响起一<u>阵</u>热烈的掌声。

Huìchǎng xiǎngqǐ yí zhèn rèliè de zhǎngshēng.

会場に大きな拍手が湧き上がった。

场 ① cháng　雨・病気・災害など、経過の一区切りを数える

昨天下了一<u>场</u>大雨。

Zuótiān xiàle yì cháng dàyǔ.

昨日は大雨が降った。

她大哭了一<u>场</u>。

Tā dà kūle yì cháng.

彼女は大泣きした。

场 ② chǎng　劇・芝居・映画・試合・試験を数える

我和女朋友看了一<u>场</u>电影。

Wǒ hé nǚpéngyou kànle yì chǎng diànyǐng.

彼女と映画をひとつ見た。

两个大学进行了一<u>场</u>棒球赛。

Liǎng ge dàxué jìnxíngle yì chǎng bàngqiúsài.

両大学で野球の試合を1回行った。

　"阵" と "场 cháng" はどちらも風雨の回数を表す動量詞ですが、"阵" は時間の持続、"场" は事象の発生に重点に置くという違いがあります。

上周华北地区下了一<u>场</u>大暴雨。

Shàng zhōu Huáběi dìqū xiàle yì cháng dàbàoyǔ.

先週華北地域に激しい雨が降った。

上午下了一<u>阵</u>雨，中午就停了。

Shàngwǔ xiàle yí zhèn yǔ, zhōngwǔ jiù tíng le.

午前にしばらく雨が降ったが、昼にはもう止んだ。

　その他、名詞から借用した動量詞もあります。

　　"尝一口"：一口食べてみる　　　"瞪一眼"：一回にらむ

　　"打一拳"：(拳で) 一発殴る　　　"踢一脚"：一蹴りを入れる

　　"放一枪"：(銃を) 一発打つ　　　"砍一刀"：(刀で) 一回切る

音声を聞き、下線部に適切な中国語を入れてください。　Audio　56

---

❶ それぞれの漢字を 10 回ずつ書く。

　　每个汉字_____。

---

❷ 彼女は以前北京に 4 年間住んだことがある。

　　她以前在北京_____。

---

❸ すみません、もうしばらくお待ち下さい。

　　对不起，请您再_____。

---

❹ 誰かが後ろからわたしを（一度）押した。

　　有人从背后_____。

---

❺ 彼は数人のチンピラに殴られた。

　　他被几个流氓_____。

---

❻ あいつは一度わたしを騙したことがある。

　　那个家伙_____。

---

❼ お客さんが来てからもう 1 時間以上経った。

　　客人已经_____了。

---

❽ このことはご両親とちょっと相談したほうがいいよ。

　　这件事你最好跟父母_____。

---

❾ うちで飼っていた猫が死んでもう 10 数年経った。

　　我家养的猫已经_____了。

---

❿ わたしは何度も彼に忠告したけれど、彼は聞き入れなかった。

　　我劝了他_____，可他就是不听。

⓫ 彼らはカラオケで4時間も歌った。

他们唱卡拉OK＿＿＿＿＿＿＿＿。

⓬ わたしは張さんを何回か呼んだのに、彼は聞こえなかった。

我＿＿＿＿＿＿＿＿，他都没听见。

⓭ このことをわたしはもう彼と何回も相談した。

这件事我已经跟他＿＿＿＿＿＿＿＿了。

⓮ 彼とは一度食事をしたことがあるだけで、深い付き合いではない。

我只跟他＿＿＿＿＿＿＿＿，交往并不深。

⓯ もう1時間以上もお風呂に入っているのに、まだ洗い終わっていないの？

你已经＿＿＿＿＿＿＿＿了，还没洗完吗？

⓰ 彼のオフィスに何度も訪ねたが、いつも不在だった。

我去他的办公室＿＿＿＿＿＿＿＿，他都不在。

⓱ 東京から北京まで、飛行機でたった3時間あまりで着く。

从东京到北京，＿＿＿＿＿＿＿＿飞机就能到。

⓲ 彼はちらっと時計を見て、急いでかばんを持って出かけた。

他＿＿＿＿＿＿＿＿，赶紧拿起书包出门了。

⓳ このスーツは何回も着たから、そろそろドライクリーニングに出さなきゃ。

这套西服＿＿＿＿＿＿＿＿，该送去干洗了。

⓴ 彼女に3回も謝ったのに、まだわたしを許そうとしない。

我向她＿＿＿＿＿＿＿＿，可她还是不肯原谅我。

（　　）内の中国語を並べ替え、文を完成させてください。　Audio　57

① 二人は何回も喧嘩したことがある。（ 好几次　他们俩　架　吵　过 ）

② 彼女は１年間韓国語を勉強したことがある。（ 韩语　过　一年　学　她 ）

③ 彼は１カ月入院した。（ 住　了　他的　一个月　院 ）

④ 彼は日本に来てもうすぐ10年経つ。（ 快　他　了　来　日本　十年 ）

⑤ わたしのおばあちゃんは１日２食しか食べない。（ 吃　饭　两顿　只　一天　我奶奶 ）

⑥ 彼は深くため息をついた。（ 他　一口　深深地　叹　了　气 ）

⑦ 昨日は午後ずっと会議だった。（ 开　一　下午　昨天　开会　了 ）

⑧ わたしのあとについて一度本文を読んでください。（ 请　我　跟　一遍　课文　大家　读 ）

⑨ 来週、わたしは一度香港に行かなければいけない。（ 下个星期　香港　得　我　一趟　去 ）

⑩ 今日また社長に怒られた。（ 老板　骂　今天　被　一顿　又　了 ）

＊音声は解答ページ p.212 を参照してください。

⑪ わたしは学会で一度王教授に会ったことがある。 （ 在　见　一次　王教授　学会　我　上　过 ）

⑫ あなたの携帯電話をちょっと使わせてくれますか。 （ 手机　一下　可以　用　我　你的　吗 ）

⑬ すみません、ちょっとお手洗いに行ってきます。 （ 我　洗手间　一趟　去　不好意思 ）

⑭ よく聞こえなかったので、すみませんがもう一度おっしゃってください。 （ 听清　您　麻烦　一遍　再　说　我　没 ）

⑮ あの人はわたしを踏んだのに謝りもしなかった。 （ 踩　那个人　一脚　道歉　我　却　没有　了 ）

⑯ わたしたちは彼を長い間待ったが、結局彼は来なかった。 （ 他　他　我们　好长时间　没　等　了　来　也 ）

⑰ 疲れたでしょう？しばらく休みましょう。 （ 累　咱们　一会儿　休息　吧　吧　了 ）

⑱ 子どもが病気になったので、彼女は1日休暇を取った。 （ 孩子　她　生病　因为　请假　一天　了　了 ）

⑲ 母は40年間教師をして、今年定年退職した。 （ 教师　我母亲　了　了　当　四十年　退休　今年 ）

⑳ 息子は5分だけピアノの練習をしてもう飽きた。 （ 钢琴　厌烦　就　五分钟　了　练　儿子　了 ）

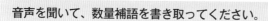

音声を聞いて、数量補語を書き取ってください。　Audio 58

A: 你怎么才来？ 我都等你 _____ 了！

B: 对不起，对不起。今天加了 _____ 班。

A: 加班的话就跟我说 ____ 啊。

B: 我给你打了 _____ 电话，都没打通嘛。

A: 你说谎！ 我怎么没接到你的电话？

B: 我说没说谎，你看 ____ 手机不就知道了吗？

A: （拿出手机看了一下）啊，手机没电了。奇怪，昨

天充了 _____ 电，怎么这么快就没电了？

B: 是不是手机有问题啊？你用了 _____ ？

A: 我就上了 _____ 网，玩儿了 _____ 游戏，还给

朋友打了 ____ 电话而已啊。

B: 你一打电话就没完没了，打一个电话就要 _____。

手机当然会没电了。

A: 算了，算了。咱们快走吧。今天要去的这家餐厅特

别火，我以前预约了 _____ 都没预约到呢。

B: 那快走吧！在哪儿啊？

A: 啊！餐厅的地图和优惠券都保存在手机里了！

日本語訳

A：遅い！もう30分も待ったわよ！

B：ごめん、ごめん。今日はちょっと残業してたからさ。

A：残業なら一言連絡してくれればいいのに。

B：何度も電話したよ。でも通じなかったんだ。

A：うそ！電話なんて受けてないわよ。

B：うそかどうか、携帯を見てみれば？

A：（携帯電話を出して見る）あ、バッテリーが切れてる。おかしいなあ、昨日一晩充
電したのに。どうしてもうバッテリーがないの？

B：携帯が壊れたんじゃない？どのくらい使ったの？

A：2時間ネットをやって、ちょっとゲームで遊んで、あとは友だちに何回か電話し
ただけよ。

B：君は一度電話するとなかなか終わらないからな。一回30分以上はかかるだろう。
そりゃバッテリーがなくなるさ。

A：まあいいか、早く行きましょう。今日行くレストランはすごく人気で、前にも何
度も予約しようとしたけれど全然取れなかったの。

B：それじゃあ早く行こう。場所はどこ？

A：あっ！レストランの地図とクーポン、携帯に保存してたんだ……。

総合練習問題

今まで学習してきた6種類の補語をシャフルしています。それぞれの文をどの補語を使って表せばよいか、考えながら練習しましょう。すべての文に音声がついています。

①センテンスでトレーニング

音声を用いて下線を埋めるディクテーション問題です。解答を終えたら改めて文全体を聞いて補語表現を定着させましょう。解答にある①～⑥の数字は各章の補語の種類を表しています。

②並べ替えでトレーニング

並べ替えて解答を終えた後で、音声を聞いて語順の語感を定着させましょう。

③会話でトレーニング

音声を用いて会話での空欄を埋めるディクテーション問題です。慣用的な表現がたくさん出てくるので、解答を終えたら、何度も聞いて耳に馴染ませてください。

❶ あなたが聞き間違えたのでしょう。

你_____了吧?

❷ おなかが死ぬほど痛いです。

肚子疼得_____。

❸ わたしはどうしても眠れません。

我怎么也_____。

❹ 醤油を入れすぎです。

酱油放得_____。

❺ みなさん準備はできましたか。

大家都_____了吗?

❻ ものが多すぎて、わたしは持てません。

东西太多了,我_____。

❼ この映画をわたしは何度も見ました。

这个电影我看了_____。

❽ こんなにたくさんの単語は、覚えられません。

这么多单词,我_____。

❾ この絵を壁に掛けましょう。

把这幅画_____墙上吧。

❿ わたしは毎日寝るのが遅く、起きるのも遅いです。

我每天睡得_____, 起得_____。

⑪ あなたは考えすぎです。

你想得＿＿＿＿＿＿。

⑫ 足を骨折したので、今動けません。

脚骨折了，现在＿＿＿＿＿＿。

⑬ さえぎらないで、彼に話を続けさせてください。

别打断他，让他＿＿＿＿＿＿。

⑭ わたしは昨日4時間しか寝ませんでした。

我昨天只睡了＿＿＿＿＿＿。

⑮ 値段がびっくりするほど高いです。

价格贵得＿＿＿＿＿＿。

⑯ 家にいてすることもなく、とても退屈です。

在家里没事儿干，无聊得＿＿＿＿＿＿。

⑰ 彼は昨日わたしにメールを1通送ってきました。

他昨天给我＿＿＿＿＿＿一封邮件。

⑱ 部屋の中がむっとするので、窓を開けましょう。

房间里太闷了，把窗户＿＿＿＿＿＿吧。

⑲ こんなに高いものはわたしには買えません。

这么贵的东西我可＿＿＿＿＿＿。

⑳ あの店はとても有名で、なかなか予約が取れません。

那家店很有名，很难＿＿＿＿＿＿。

㉑ あのことは、どうしても納得できません。

那件事我怎么也＿＿＿＿＿＿＿。

㉒ わたしの言ったことは全部覚えましたか。

我说的话你都＿＿＿＿＿＿了吗？

㉓ 涼しくなって何日も経たないうちにまた暑くなりました。

凉快了没几天，又＿＿＿＿＿＿了。

㉔ 黒板の上の字を消しても良いですか。

黑板上的字可以＿＿＿＿＿＿吗？

㉕ 1発の巨大な花火が空に打ちあがりました。

一发巨大的烟火＿＿＿＿＿＿了天空。

㉖ こんなにきれいなケーキは、食べるのがもったいないです。

这么漂亮的蛋糕，真＿＿＿＿＿＿吃。

㉗ さすがはモデルだけあって、スタイルがすごくいいですね。

真不愧是模特儿，身材苗条＿＿＿＿＿＿。

㉘ あなたたちはこんなにたくさんビールを飲んだのに、まだ飲み足りないのですか。

你们喝了这么多啤酒，还没＿＿＿＿＿＿吗？

㉙ 彼は今回のオリンピックで金メダルを2つ獲得しました。

他在这次奥运会上＿＿＿＿＿＿了两枚金牌。

㉚ あなたは入ったり出たりで、何をしているのですか。

你一会儿＿＿＿＿＿＿，一会儿＿＿＿＿＿＿，干什么呢？

③① 先月わたしは京都に行ってきました。

上个月我去了＿＿＿＿＿＿京都。

③② 何でしたっけ？突然思い出せなくなりました。

什么来着？我突然＿＿＿＿＿＿了。

③③ 本が多すぎて、一つの本棚では置ききれません。

书太多了，一个书架＿＿＿＿＿＿。

③④ ハンコを押す必要はありません。サインだけで結構です。

＿＿＿＿＿＿盖章，签个字就行了。

③⑤ 彼が外に出るとすぐに記者が回りを囲みました。

他一出门，记者就＿＿＿＿＿＿了。

③⑥ 住所を書き間違えていたので、手紙が戻ってきました。

地址没＿＿＿＿＿＿，信被＿＿＿＿＿＿了。

③⑦ 見た目はあまりよくないですが、味はとてもおいしいです。

＿＿＿＿＿＿不怎么好，可是味道很好。

③⑧ 外は暑くて仕方ないので、できれば出かけない方がいいです。

外面热得＿＿＿＿＿＿，最好不要＿＿＿＿＿＿。

③⑨ ずっと彼に連絡が取れず、わたしたちは死ぬほど心配した。

一直＿＿＿＿＿＿他，我们担心得＿＿＿＿＿＿。

④⓪ まず油を熱してから、溶いた卵を流し入れます。

先把油＿＿＿＿＿＿，然后把＿＿＿＿＿＿的鸡蛋＿＿＿＿＿＿。

㊶ テーブルがあまりきれいに拭いていません。

桌子擦得_____。

㊷ 電波が悪いので、よく聞こえません。

信号不好，我_____。

㊸ お父さんの髪の毛は以前よりだいぶ減ってしまった。

爸爸的头发比以前少_____。

㊹ 営業成績のことを言うならば、誰も彼にはかないません。

要说销售业绩，谁都_____他。

㊺ 社長は保守的で、時代に付いていけません。

总经理太守旧了，_____时代。

㊻ わたしはポテトチップスが大好物で、いくら食べても足りません。

我最爱吃薯片，吃多少都_____。

㊼ 中国語のテレビドラマを見ることでもたくさん中国語が学べます。

看中文电视剧也能_____不少中文。

㊽ この先生の授業は、わたしは全然理解できません。

这个老师的课我一点儿都_____。

㊾ 飛行機は間もなく離陸しますので、シートベルトを締めてください。

飞机快要起飞了，请您_____安全带。

㊿ 彼は突然立ち上がり、何も言わずに会議室から出ていきました。

他突然_____，什么都没说就_____会议室_____了。

❶ 昨日よく眠れました
か。　　　　　　　　（ 睡　昨天　好　了　吗 ）

❷ あなたは言い過ぎで
す。　　　　　　　　（ 过分　得　你　说　太　了 ）

❸ 彼は何回も仕事を変
えました。　　　　　（ 他　工作　好几　换　了　次 ）

❹ この子どもはとても
かわいい顔をしてい
ます。　　　　　　　（ 这个孩子　可爱　真　长　得 ）

❺ この小説は映画にな
りました。　　　　　（ 这本小说　电影　拍　被　成　了 ）

❻ 彼は少し不満そうに
見えます。　　　　　（ 他　不满意　有点儿　看起来 ）

❼ 一番大変な時期はも
う過ぎました。　　　（ 已经　过去　最艰难的　了　时期 ）

❽ わたしの注文したピ
ザはまだ届きません。（ 送　我订的　没　比萨饼　还　到 ）

❾ 以前のズボンは全部
履けなくなりました。（ 裤子　都　穿不进去　以前的　了 ）

❿ 姑と嫁はどうしても
そりが合いません。　（ 合不来　婆婆　和　儿媳妇　也　怎么 ）

176

⑪ 座って話しましょう。（ 咱们　谈　坐下　吧 ）

⑫ もしかしたら大問題が起きるかもしれません。（ 大问题　出　说不定　会 ）

⑬ おいしくて止まりません。（ 好吃　停　得　不　下来 ）

⑭ 彼女ははずかしくて下を向きました。（ 她　低下了　害羞　得　头 ）

⑮ 今日の夜は外で食事をしましょう。（ 吃饭　今天晚上　出去　吧 ）

⑯ お父さんは頑固でしょうがないです。（ 不得了　爸爸　得　顽固 ）

⑰ 彼はそのことを聞いた後ひどく怒りました。（ 他　气　知道　那件事　后　坏了 ）

⑱ あなたは車をどこに停めましたか。（ 车　把　停在　你　哪儿　了 ）

⑲ 彼はノートから紙を１枚ちぎりました。（ 一张纸　他　笔记本上　从　撕下 ）

⑳ あのことに関してわたしは彼に一度訊ねた事があります。（ 那件事　关于　我　他　问过　一次 ）

㉑ これらの魚はとても新鮮です。

（ 这些鱼　得　新鲜　很 ）

㉒ 歯が痛くて耐えられません。

（ 疼　受不了　得　牙 ）

㉓ 最近いかがお過ごしですか。

（ 最近　过　怎么样　得 ）

㉔ 子供たちはみな大きくなりました。

（ 孩子们　大　都　长　了 ）

㉕ 食べきれなければ持ち帰りましょう。

（ 带　吃不了　就　回去　吧 ）

㉖ わたしたちはすごく楽しくおしゃべりしました。

（ 我们　开心　聊　非常　得 ）

㉗ わたしは大学で1年間韓国語を勉強したことがあります。

（ 在大学　韩语　我　过　学　一年 ）

㉘ ここであなたに会えるなんで思ってもいませんでした。

（ 见到　能　在这里　没想到　你 ）

㉙ 川面に大きな桃が流れてきました。

（ 河面上　大桃子　过来　漂　一个 ）

㉚ 桃の中から1人の男の子が出てきました。

（ 男孩子　出来　桃子里　跳　一个 ）

㉛ あなたはパクチーを
食べられますか。　　（ 你　香菜　吃得惯　吗 ）

㉜ この子犬は超かわい
いです。　　（ 这只　可爱　小狗　极了 ）

㉝ みなさん、１０分休
憩しましょう。　　（ 十分钟　大家　休息　吧 ）

㉞ たくさんの家が洪水
で流されました。　　（ 洪水　很多房屋　冲走　被　了 ）

㉟ 彼に手伝ってもらえ
ば、間違いありませ
ん。　　（ 错不了　他　请　帮忙　肯定 ）

㊱ この役者は演技がそ
んなに上手くないで
す。　　（ 这个　不太好　演员　演　得 ）

㊲ 家のローンがようや
く返し終わりました。　　（ 终于　房子的贷款　完　还　了 ）

㊳ 彼のチェックがとて
も細かいです。　　（ 他　很　检查　仔细　得 ）

㊴ 彼の家の人は皆とて
も親切です。　　（ 他家的人　得　很　都　热情 ）

㊵ あなたはいつ日本に
帰ってきたのですか。　　（ 你　日本　什么时候　是　回　来　的 ）

並べ替えでトレーニング(50)

㊶ わたしもうまく説明できません。	（我　说　也　不清楚）
㊷ そんなにたくさんのお金はかかりません。	（用不了　钱　那么　多）
㊸ 電車の中は死ぬほど混んでいます。	（电车里　得　挤　要命）
㊹ どう考えても考え出せません。	（怎么　想不出来　想　也）
㊺ あなたは先に会社に戻ってください。	（你　去　回　先　公司　吧）
㊻ 昨日遊んでとても楽しかったです。	（昨天　很开心　得　玩儿）
㊼ この映画はもう上映が終わりました。	（这个电影　完　已经　上映　了）
㊽ わたしは髪の毛を茶色に染めたいです。	（我　头发　想　把　茶色　染成）
㊾ 荷物を部屋の中に持っていきましょう。	（行李　把　拿　房间里　进　去　吧）
(50) 彼はわざとわたしを押し倒したのです。	（他　故意　把　是　我　推倒　的）

[解答は p.216]

会話 1

A: 您今天想怎么剪？

今日はどんなふうに切りたいですか？

B: 我想_____短发。_____像二十多岁的。

ショートカットにしたいです。20代に見えるような感じで。

A: _____没问题，像二十多岁的……有点儿难啊。

短く切るのは問題ないですが、20代のようにというのは…ちょっと難しいですね。

会話 2

A: 妈妈，你看，我画的爸爸像不像？

ママ見て、パパの絵描いたの、似てない？

B: 啊！你怎么_____地板上了？！

あ！なんで床に描いたの？！

A: 不行吗？那我_____就好了。

ダメ？じゃあきれいに拭けばいいでしょう。

B: 这是油性笔！_____的！

これは油性ペン。拭いても取れないの！

会話 3

A: 欸，你看！对面_____的女孩子真漂亮啊！

おい、見ろ！前から歩いてきた女の子、すごくきれいだよ。

B: 她一直对你笑呢！

ずっとおまえに向かって笑ってるぞ。

A: 她是不是_____我了？

もしかして俺のことを好きになったのかな？

B: 不会吧！你有什么魅力啊？啊，我知道了，你的毛衣_____了。

まさか！おまえにどんな魅力があるんだよ？あ、わかった！セーターを裏表に着てるぞ。

会話4

A: 别睡了，快_____吧。

もう寝ていないで、早く起きなさい。

B: 啊，困_____，再让我_____。

ああ、死ぬほど眠い。あと5分寝かせて。

A: 每天都是这样，晚上_____，早上_____。真是的！

毎日こうじゃない、夜寝るのが遅くて朝起きられない。まったくもう！

　欸？你怎么又_____了？真没办法，那我不管你了啊！

あら？また寝たの？本当にどうしようもない、もう知らないからね！

会話5

A: 你还吃啊？肚子_____。

まだ食べるの？風船みたいにお腹が膨らんでるよ。

B: 两个小时随便吃，还可以_____呢。

2時間食べ放題でしょ、まだ10分食べられるよ。

　今天_____了，明天就_____吃早饭了。

今日お腹いっぱい食べれば、明日は朝ごはんいらないよ。

A: 你是骆驼吗？我_____了。你也适可而止吧。

あなたはラクダなの？わたしはもう食べられない。あなたもほどほどにしなさいよ。

会話6

A: 哇！你全身都_____了！

わあ、全身びしょ濡れじゃない！

B: 突然_____了。

急に雨が降ってきたの。

A: 你没带伞吗？

傘持ってなかったの？

B: 没带。我_____的时候是晴天啊。

うん、出た時は晴れてたから。

A: 最近经常下阵雨，你最好像我一样，_____折叠伞。

最近はすぐにわか雨が降るから、わたしみたいに折りたたみ傘を持ってなさいよ。

啊！糟糕！早上_____的被子忘_____了！

あ、しまった！朝に干した布団を取り込むのを忘れちゃった！

会話7

A: 时间_____啊！

時が経つのは速いですね。

B: 是啊，一转眼我儿子就要考大学了。

そうですね。あっという間に息子はもう大学受験です。

A: 是吗？那现在一定_____吧。

そうですか、では今かなり忙しいでしょうね。

B: 别提了，他一点儿都不用功。

話になりませんよ。彼は全然勉強しないんですよ。

这样_____，我看他什么大学_____。

このままじゃ、どこの大学も受からないですね。

A: 你儿子很聪明，一定没问题的。

息子さんは頭が良いので、きっと大丈夫ですよ。

B: 要是有游戏大学的话也许_____。

もしゲーム大学っていうのがあれば、受かるかもしれないですけどね。

会話8

A: 你怎么才_____？
なんでこんなに遅かったの？

B: 加班啊。啊，累_____。
残業だよ。ああ、死ぬほど疲れた。

A: 你去哪儿加班了？一身酒味儿。
どこで残業してたの？酒臭いわ。

B: _____以后跟同事去喝了一杯。
残業が終わった後、同僚と一杯飲んでたんだよ。

　啊，有点儿_____了。我去洗澡。
ああ、ちょっと飲み過ぎた。シャワーを浴びてくる。

　（丈夫_____西装，_____领带，向浴室_____。）
（夫はスーツを脱いで、ネクタイをほどき、浴室に歩いていく）

A: _____，衬衫上的口红印是怎么回事？
ちょっとまって、シャツについてる口紅はどういうこと？

会話9

A: 吃饭了！吃饭了！
ご飯だよ！ご飯だよ！

B: 知道了，我马上_____。
わかった、すぐ下に降りるよ。

A: 喊了你_____了，没_____吗？
何回呼んだと思う？聞こえなかったの？

B: 我戴着耳机呢，_____。
イヤホンしているから、よく聞こえないんだよ。

A: 你又玩儿游戏了吧？
またゲームしてたでしょう？

B: 现在放暑假嘛，可以玩儿吧。

夏休みだから、遊んでもいいでしょう。

A: 真是的，就知道玩儿游戏，暑假作业＿＿＿＿＿了吗？

本当にもう、ゲームしかしないんだから。夏休みの宿題は終わったの？

B: 作业太多了，怎么做也＿＿＿＿＿。

宿題が多すぎていくらやっても終わらないんだよ。

会話 10

A: 你看，这张照片拍得＿＿＿＿＿？

見て、この写真どう？

B: 嗯，＿＿＿＿＿！

うん、すごくきれいに撮れてるね。

A: 还是单反相机好，＿＿＿＿＿的照片就是不一样，比手机＿＿＿＿＿。

やっぱり一眼レフはいいね、撮れた写真がやっぱり違うよ。携帯よりずっといい。

B: 价格也比手机＿＿＿＿＿呀！既然买了，就好好用吧。

値段も携帯よりずっと高いもんね。せっかく買ったんだから、いっぱい使ってね。

（几个月后，一家人＿＿＿＿＿旅游）

（数カ月後、家族で旅行に出かける）

B: 夕阳真美啊！欸？你的单反相机呢？

夕日がきれいね！あれ、一眼レフカメラは？

A: 单反相机太重了，我没＿＿＿＿＿。用手机拍吧。

一眼レフは重すぎて、持ってこなかった。携帯で撮るよ。

会話 11

A: 奇怪，密码输入了＿＿＿＿＿都＿＿＿＿＿。

おかしいな、パスワードを何回入れても入れない。

B: 你是不是＿＿＿＿＿了？

間違って覚えているんじゃない？

A: 不会啊，我＿＿＿＿＿，密码是你的生日。4 位数，不是 0314 吗？

そんなはずない、ちゃんと覚えてるよ。パスワードは君の誕生日で、4 桁だから、0314 だろ？

B: ……是 0304。

……0304 なんだけど。

A: 0304，哦！＿＿＿＿＿了！

0304、あ、入った！

B: 喂！你把我的生日＿＿＿＿＿了？

ねえ！わたしの誕生日を間違えて覚えたの？

A: 别生气，别生气。是我不小心。咱们吃饭吧。

まあまあ怒らないで。うっかりミスだよ。ごはん食べよう。

B: 我不吃，我已经被你＿＿＿＿＿了。

もういい！怒ったらお腹がいっぱいになっちゃった。

会話 12

A: 你还没＿＿＿＿＿吗？
まだ化粧終わらないの？

B: 再＿＿＿＿＿。你已经＿＿＿＿＿了吗？
もうちょっと待って。あなたはもう準備はできたの？

A: 我早就＿＿＿＿＿了。
とっくに準備できてるよ。

B: 窗户还开着呢，你把窗户＿＿＿＿＿。还有，垃圾还没
＿＿＿＿＿呢。
窓が開いてるわ、窓を閉めて。あと、ごみが捨ててないわよ。

A: 知道了，知道了。你快点儿啊！
わかった、わかった、早くしてね！

B: 好了，咱们走吧。
できた。行こう。

A: 每次出门都急急忙忙的，还＿＿＿＿＿吗？
毎回出かけるのにバタバタするよな。まだ間に合う？

B: 没问题。婚礼的红包带着呢吧？
大丈夫。結婚のご祝儀は持ったよね？

A: 带着呢。……怎么这么堵啊？看样子＿＿＿＿＿了。
持ったよ。…なんでこんなに混んでるんだろう。間に合わなさそうだよ。

B: 欸？怎么办？我是伴娘啊！
え！どうするの？わたし花嫁の介添え役なのに！

A: 先打个电话吧。
とりあえず電話しよう。

B: 啊！我把手机＿＿＿＿＿家里了。
あ！携帯を家に忘れた。

187

会話 13

A: 这儿写着"禁止停车"，你没_____吗？罚款两百。
ここに「駐車禁止」と書いてあるのが見えなかったんですか？　2百元の罰金です。

B: _____，我眼睛不好，没_____。
ごめんなさい、目が悪くてよく見えませんでした。

A: 眼睛不好怎么不戴眼镜？
目が悪いのになぜメガネをかけないんですか？

B: 啊，我把眼镜_____家里了。
あ、メガネを家に忘れました。

A: 违章停车_____不戴眼镜，罚款三百。
駐車違反に加えて、メガネをかけていないので、罰金三百元ですね。

B: 您就原谅我_____吧，我只停了_____。
今回だけは許してください。5分停めただけです。

A: 五分钟也不行。
5分でもダメです。

B: 我去便利店买东西，车位都_____了，所以我就
_____路边了。我这就_____。
コンビニに行って買い物をしたんですが、駐車場がいっぱいだったんです。だから路駐したんです。もう今どきますから。

A: 不行，不行。欸，_____，你是不是喝酒了？
ダメだダメだ。あれ、ちょっと待って、もしかして酒を飲んでいるんですか？

B: 没……没有啊。
いや……飲んでいませんよ。

A: 我_____酒味儿了。
アルコール臭がしましたよ。

把你的驾照_____。……啊？你的驾照已经过期
_____了！
免許証を出しなさい。……ええ？免許証の期限が一年以上切れているじゃないですか！

[解答は p.218]

第 1 章から第 6 章までのトレーニング問題と、総合練習問題の解答のページです。

214ページからの総合練習問題の解答にある①〜⑥は本文の第 1 章から第 6 章に対応して、補語の種類を示します。また下線部が補語の部分になります。

①→結果補語

②→方向補語

③→可能補語

④→様態補語

⑤→程度補語

⑥→数量補語

■センテンスでトレーニング

❶ 姐姐被弟弟气哭了。　　　　　　　お姉さんは弟に腹が立って泣いてしまった。

❷ 弟弟把姐姐逗笑了。　　　　　　　弟はおどけてお姉さんを笑わせた。

❸ 你收到我的邮件了吗?　　　　　　わたしのメールを受け取りましたか?

❹ 你的借口我已经听够了。　　　　　あなたの言い訳は聞き飽きた。

❺ 我把日元换成人民币了。　　　　　日本円を人民元に両替した。

❻ 你听懂我说的话了吗?　　　　　　わたしの言ったことが理解できましたか?

❼ 今天穿多了，出了一身汗。　　　　今日は厚着しすぎて、全身汗をかいてしまった。

❽ 一转眼，孩子们都长大了。　　　　あっという間に子どもたちは皆大きくなった。

❾ 守门员稳稳地把球接住了。　　　　ゴールキーパーはしっかりと球を受け止めた。

❿ 话别说死，要留一些余地。　　　　そう言い切ってしまわないで、少し余地を残しておかないと。

⓫ 我吃完饭了，可是没吃饱。　　　　ご飯を食べ終わったが、お腹がいっぱいになっていない。

⓬ 我还没抄完，老师就把黑板上的字擦掉了。　　わたしはまだ写し終わっていないのに、先生は黒板の字を消してしまった。

⓭ 这本书出版后一个月就都卖光了。　この本は出版して1カ月で完売した。

⓮ 他突然推开了门，吓了我一跳。　　彼が突然ドアを開けたのでびっくりした。

⓯ 我昨天在街上遇见了一位老朋友。　昨日街で古い友だちにばったり会った。

⓰ 蝴蝶在花上停了一会儿又飞走了。　チョウが花にしばらく止まって、また飛んでいった。

⓱ 他不是自杀，而是被人害死的。　　彼は自殺ではなく、人に殺されたのだ。

⓲ 电影刚开始我就已经猜着了结果。　映画が始まってすぐに結末が予想できてしまった。

| ⑲ 他过惯了俭朴的生活，有钱也不乱花。 | 彼は質素な生活に慣れたので、お金があっても無駄遣いしない。 |
| ⑳ 他唱卡拉 OK 把嗓子都唱哑了。 | 彼は 3 時間もカラオケを歌って、喉を枯らした。 |

■並び替えでトレーニング

❶ 老李昨天又喝醉了。	李さんは昨日また酔っぱらった。
❷ 我把"1"看成"7"了。	"1"を"7"に見間違えた。
❸ 她把头发剪短了。	彼女は髪の毛を短く切った。
❹ 自行车被风吹倒了。	自転車が風で倒れてしまった。
❺ 我把肚子吃坏了。	お腹を壊してしまった。
❻ 他把房子卖掉了。	彼は家を売ってしまった。
❼ 这些盘子没洗干净。	これらのお皿はきれいに洗っていない。
❽ 这个行李箱已经装满了。	このトランクはもういっぱいだ。
❾ 一个老奶奶坐在长椅上。	一人のおばあさんがベンチに座っている。
❿ 你走开！我不想看见你！	あっち行け！顔も見たくない。
⓫ 老师又把我的名字念错了。	先生はまたわたしの名前を読み間違えた。
⓬ 鲁迅出生在浙江省绍兴市。	魯迅は浙江省紹興市に生まれた。
⓭ 会议的资料都准备好了吗？	会議の資料は準備できましたか？
⓮ 洗完衣服还得叠，真麻烦。	衣服を洗ったら畳まないといけないので面倒だ。
⓯ 肉还没熟透，再煮一会儿吧。	肉がまだ煮えていないので、もう少し煮ましょう。
⓰ 还没到月底，工资就花光了。	まだ月末になっていないのに、給料を使い果たしてしまった。
⓱ 因为下大雨，运动会没开成。	大雨が降ったので、運動会は開けなかった。

18 我第一次滑冰，滑倒了好几次。　　　　初めてスケートをしたので、何度も転んでしまった。

19 昨天才睡了四个小时，没睡够。　　　　昨日は4時間しか寝ていなくて、睡眠不足だ。

20 再好吃的东西，每天吃也会吃腻。　　　いくらおいしいものでも、毎日食べると飽きてしまう。

■会話でトレーニング

A: 爸爸，我饿了。

B: 爸爸给你做方便面吧。

A: 又是方便面？我吃腻了。

B: 那……，爸爸给你做咖喱饭吧！

A: 太好了！哎？你什么时候学会做咖喱饭了？

B: 现在学啊！你看，"咖喱饭的做法"，在网上一查就查到了。

（爸爸一边念菜谱一边做）"……把油烧热，把切成块儿的洋葱、土豆、胡萝卜和肉炒一会儿，然后加水煮软。……把火关掉，把咖喱块掰开，放到锅里慢慢搅匀。……最后把做好的咖喱汁浇在米饭上……"

A: 米饭？

B: 啊！爸爸忘了做米饭了！

第2章 方向補語 [解答]

①単純方向補語

■センテンスでトレーニング

1 我把钥匙掉进水沟里了。　　　　　　わたしは鍵をどぶに落としてしまった。

2 10号球员踢进了一个球。　　　　　　10番の選手がゴールをひとつ決めた。

3 气球缓缓地飞上了天空。　　　　　　風船はゆっくりと空に舞い上がった。

4 小孩儿一转眼就爬上了树。　　　　　子どもは一瞬のうちに木に登ってしまった。

5 爬过前面那座山就到目的地了。　　　　前にあるあの山を越えれば目的地に着きます。

⑥	他刚回来不一会儿又出去了。	彼は帰ってきてまもなくまた出かけた。
⑦	他高高地举起旗子使劲儿挥舞着。	彼は旗を高々と挙げて力いっぱい振っている。
⑧	他抬起头想了一会儿，又低下头接着写。	彼は頭を上げて少し考え、また下を向いて書き出した。
⑨	他扶起被自己撞倒的人，并不住地道歉。	彼は自分がぶつかって倒してしまった人を抱え起こして、ひたすら謝った。
⑩	他跳过了两米五的横杆，打破了世界记录。	彼は 2m50cm のバーを飛び越えて、世界記録を破った。
⑪	他急匆匆地跑回了家。	彼は大急ぎで走って家に帰った。
⑫	她伤心地流下了眼泪。	彼女は悲しそうに涙を流した。
⑬	明天别忘了带词典来。	明日辞書を持ってくるのを忘れないように。
⑭	绕了半天又走回原地了。	ぐるぐる回ったあげくまた元の場所に戻ってしまった。
⑮	飞机刚才飞过了富士山。	飛行機はさっき富士山の上を通過した。
⑯	他又被调回原来的部门了。	彼はまた元の部門に戻された。
⑰	一位好心人把迷路的弟弟送回家了。	一人の親切な方が迷子になった弟を家まで送ってくれた。
⑱	各位，请举起酒杯。为了我们的友情，干杯！	みなさん、グラスを挙げてください。我々の友情のために、乾杯！
⑲	从邻居家的厨房飘来一阵烤鱼的香味儿。	隣の家の台所から焼き魚のおいしそうなにおいが漂ってきた。
⑳	别的同学都进教室去了，你怎么还不进去？	他の生徒はもう教室に入ったのに、あなたはなぜ入らないのですか。

■並び替えでトレーニング

❶	小王已经回家去了。	王さんはもう家に帰りました。
❷	快叫这儿的店长来！	早くここの店長を呼んできなさい！
❸	他转过头看了我一眼。	彼は振り返ってわたしを見た。
❹	叔叔买来一个大西瓜。	おじさんは大きいスイカを 1 つ買ってきた。

⑤ 病人突然吐出了一口血。 病人は突然血を吐いた。

⑥ 从山上滚下一块大石头。 山の上から大きな石が転がり落ちてきた。

⑦ 田中先生已经回日本来了。 田中さんはもう日本に帰ってきた。

⑧ 他从包儿里取出一台电脑。 彼はカバンからパソコンを取り出した。

⑨ 警察大喊："把枪放下！" 警察は大声で叫んだ：「銃を捨てろ！」

⑩ 你今天大概几点能回来？ 今日は大体何時に帰ってこられるの？

⑪ 妹妹从外面拣回一只小猫。 妹は外で子猫を1匹拾ってきた。

⑫ 大家一起把伤员抬进了医院。 皆で一緒にけが人を病院に担ぎ込んだ。

⑬ 小孩儿伸出舌头做了个鬼脸。 子どもは舌を出してあかんべえをした。

⑭ 从收音机里传来一首熟悉的歌。 ラジオから懐かしい歌が流れてきた。

⑮ 小李上个月就已经回北京去了。 李さんは先月もう北京に帰った。

⑯ 小王给我寄来一张漂亮的明信片。 王さんはわたしに1枚きれいなハガキを送ってくれた。

⑰ 你妈妈叫你吃饭呢，快回家去吧。 お母さんがご飯だと呼んでいるよ、早く家に帰りなさい。

⑱ 我不吃甜食，这些点心你拿去吧。 わたしは甘い物は食べません、このお菓子はあなたが持っていってください。

⑲ 他从兜儿里掏出手绢儿，擦了擦汗。 彼はポケットからハンカチを取り出して汗を拭いた。

⑳ 消防员从火海里救出了一个小孩儿。 消防士は火の海から子どもを1人救い出した。

■文章でトレーニング

在海外工作了两年，今天终于要回国了。为了给家人一个惊喜，他没有通知回去的时间，就飞回了北京。

走出机场，那家乡的味道一下子钻进了鼻孔。那是一种温馨而让人觉得安心的味道。

出租车穿过一条条熟悉的街道，停在了他家的公寓楼下。他走上楼梯，在家门口放下行李，掏出

钥匙，轻轻地打开了房门。正在吃晚饭的妻子和儿子突然看到他，高兴极了。儿子一边喊："爸爸回来了！"，一边兴奋地向他跑来。

他高高地抱起儿子，笑着亲吻着孩子的脸，眼中流出了欢喜的热泪。

②複合方向補語

■センテンスでトレーニング

① 奶奶吃力地从床上坐起来了。

おばあちゃんは大変そうにベッドから起きあがった。

② 大家把他从河里拉上来了。

皆で彼を川から引っ張り上げた。

③ 爸爸把孩子高高地举起来了。

お父さんは子どもを高々と持ち上げた。

④ 一个苹果从树上掉下来了。

りんごが一つ木から落ちた。

⑤ 逃出去的犯人又被抓回来了。

逃げた犯人はまた捕まった。

⑥ 我把跌倒的小孩儿扶起来了。

わたしは転んだ子どもを支え起こした。

⑦ 店主人把调皮的小孩子们赶出去了。

店の主人はやんちゃな子どもたちを外に追い出した。

⑧ 几个人一起把那块大石头抬起来了。

数人で一緒にあの大きな石を持ち上げた。

⑨ 我看见他们俩一起走进宾馆里去了。

わたしは彼らが一緒にホテルに入っていったのを見た。

⑩ 救援人员把受伤的登山者抬下山来了。

救援スタッフは怪我した登山者を山から運んできた。

⑪ 晾在阳台上的衣服被风吹下去了。

ベランダに干した衣類が風で飛んで行ってしまった。

⑫ 几只鲸鱼被冲上海岸来了。

何頭かのクジラが海岸に打ち上げられた。

⑬ 他不小心从梯子上摔下来了。

彼はうっかり梯子から落ちてしまった。

⑭ 她哭着把戒指扔进海里去了。

彼女は泣きながら指輪を海に投げた。

⑮ 女儿生气地跑回自己的房间去了。

娘は怒って自分の部屋に駆け込んだ。

⑯ 他生气地站了起来，走出会场去了。

彼は怒って立ち上がり、会場を出て行った。

⑰	你怎么把你的酒倒进我的杯子里来了？	どうしてあなたのお酒をわたしのコップに入れるのですか。
⑱	孩子们把球踢进邻居家的院子里去了。	子どもたちはボールを蹴って隣の家の庭に入れてしまった。
⑲	潜水员浮上来休息了一会儿，又潜下去了。	ダイバーは浮かんできて少し休んで、また潜って行った。
⑳	他把掉在地上的花生捡起来吹了吹，放进嘴里去了。	彼は床に落ちたピーナッツを拾ってふっと吹き、口の中に入れた。

■並び替えでトレーニング

❶	他把存款都取出来了。 他把存款都取了出来。	彼は預金を全部おろした。
❷	看完的书请放回书架去。	読み終わった本は本棚に戻してください。
❸	听说他要搬回老家去了。	彼は実家に引っ越すらしい。
❹	出租车从我身边开过去了。 出租车从我身边开了过去。	タクシーがわたしのそばを通り過ぎた。
❺	你敢从这里跳下河去吗？	ここから川に飛び降りる勇気はありますか。
❻	孩子们高兴地跑回家里来了。	子どもたちは喜んで走って家に帰った。
❼	同意的人请把手举起来。	賛成の方は手をあげてください。
❽	钱包从衣兜里掉出来了。 钱包从衣兜里掉了出来。	財布がポケットから落ちた。
❾	请你用传真发过来，好吗？	ファクスで送ってもらってもいいですか。
❿	溺水的儿童被救上来了。 溺水的儿童被救了上来。	溺れた子どもが救い上げられた。
⓫	他从地里挖出来一个箱子。 他从地里挖出一个箱子来。	彼は地面から箱を一つ掘り出した。
⓬	请把这个箱子抬上二楼去。	この箱を2階に運んでいってください。
⓭	前几天走丢的小猫找回来了。 前几天走丢的小猫找了回来。	数日前にいなくなった猫が見つかった。
⓮	十点了，他才爬出被窝儿来。	10時になって、彼はやっと布団から出てきた。
⓯	他从钱包里拿出来一百块钱。 他从钱包里拿出一百块钱来。	彼は財布から100元を取り出した。

⑯ 借给朋友的钱一直没还回来。	友だちに貸したお金がいつまでたっても戻ってこない。	
⑰ 钥匙可能是从这个洞掉出去的。	鍵はこの穴から落としたかもしれない。	
⑱ 你捡回来这些破烂东西干什么？ 你捡回这些破烂东西来干什么？	こんなゴミみたいな物を拾ってきてどうするつもりだ。	
⑲ 你怎么还没把图书馆的书还回去？	どうしてまだ図書館の本を返していないのですか。	
⑳ 可燃垃圾要扔进绿色的垃圾桶里去。	可燃ゴミは緑色のゴミ箱に捨てなくてはいけない。	

■文章でトレーニング

　这是我第一次玩儿蹦极。我颤颤巍巍地站在悬崖顶上，紧张得心都快跳出来了。我稍稍伸出头去看了一眼脚下，就吓得马上把头缩了回来。"太可怕了！还是算了吧。"正这样想着，一位工作人员走过来拍了拍我的肩膀，说："鼓起勇气来！你一定行的！"说完，就两手把我使劲推了下去。

　……离地面越来越近，可我突然发现身上竟然没有系保险绳！我大喊一声，一下子从噩梦中惊醒了。我用手擦了擦额头上冒出来的冷汗，看看四周，才发现自己从床上掉下来了。

　我爬上床去想继续睡，却怎么也睡不着了。

③方向補語の派生義

■センテンスでトレーニング

❶ 他穿上大衣出了门。	彼はコートを着て出かけた。	
❷ 她终于忍不住笑出来了。	彼女はついにこらえきれず笑い出した。	
❸ 我终于开上了自己的车。	わたしはやっと自分の車を持てた。	
❹ 那个电视节目我录下来了。	あのテレビ番組は録画しました。	
❺ 我过了三十岁就胖起来了。	わたしは 30 歳を超えてから太り始めた。	
❻ 他脱下皮鞋，换上了拖鞋。	彼は革靴を脱いでスリッパに履き替えた。	

⑦ 臭豆腐闻起来臭，吃起来香。　臭豆腐（チョウドウフ）は匂いは臭いが、食べると美味しい。

⑧ 晕过去的病人被抢救过来了。　気絶していた病人は、応急処置を受けて息を吹き返した。

⑨ 说起横滨，大家都会想到中华街。　横浜と言えば、みな中華街を連想するでしょう。

⑩ 他把多年积累起来的教学经验写成了一本书。　彼は長年蓄積して来た教育の経験を1冊の本にした。

⑪ 犯人的脸被监控摄像头拍下来了。　犯人の顔は監視カメラに撮られていた。

⑫ 点的菜太多了，结果剩下了不少。　料理を頼み過ぎて、たくさん残してしまった。

⑬ 说话要注意分寸，不能说过了。　話をするのに程合いが大切だ、言い過ぎてはいけない。

⑭ 她怕被人认出来，所以戴上了口罩。　彼女は人にわからないようにマスクをした。

⑮ 刚才还是晴天，却突然下起雨来了。　さっきまで晴れていたのに、突然雨が降り出した。

⑯ 你不是戒烟了吗？怎么又抽上了？　禁煙したんじゃないの？ どうしてまた吸い始めたの？

⑰ 这孩子得管，这么放任下去可不得了。　この子はちゃんと躾けなければいけない、こんなに放任していたら大変な事になる。

⑱ 这样的活动我们今后也要继续开展下去。　このような活動をわたしたちは今後も展開していく。

⑲ 这是刚煮出来的饺子，大家趁热吃吧！　茹でたての餃子ですよ、みんな熱いうちに食べてください。

⑳ 景气不好，我们公司不知道能不能维持下去。　景気が悪いので、うちの会社が続けていけるかどうかわからない。

■並び替えでトレーニング

❶ 你有意见就说出来吧。　意見があれば言ってください。

❷ 这个菜看起来就好吃。　この料理は見るからに美味しそうだ。

❸ 这个会场能容下五百人。　この会場は500人入れる。

❹ 我一想起那件事就生气。　わたしはあのことを思い出すたびに腹がたつ。

❺ 王局长是从地方调上来的。　王局長は地方から栄転してきた。

⑥ 优良的传统应该保持下去。　　よい伝統は守っていかなくてはいけない。

⑦ 这支钢笔是爷爷留下来的。　　この万年筆はおじいさんが残したものだ。

⑧ 你千万别把这件事说出去。　　このことは決して口外しないで下さい。

⑨ 他从报纸上剪下一篇文章。　　彼は新聞紙から文章を1編切り取った。

⑩ 你能认出这是谁的笔迹吗?　　これは誰の筆跡かわかりますか。

⑪ 这个沙发只能坐下三个人。　　このソファーは3人しか座れない。

⑫ 不能落后，一定要赶上去。　　遅れをとってはいけない、絶対に追いつけ。

⑬ 现在开始听写，请把书合上。　　今からディクテーションを始めます、本を閉じてください。

⑭ 这是我的一点儿心意，请收下。　　これはほんの心ばかりの品です、受け取ってください。

⑮ 我是什么血型，你能猜出来吗?
你能猜出来我是什么血型吗?　　わたしの血液型が何型か、当てられますか。

⑯ 这两个词不能分开，要连起来读。　　この2つの単語は分けないで、繋げて読まなくてはいけない。

⑰ 他一直很小气，怎么今天大方起来了?　　彼はいつもケチなのに、どうして今日は気前がよくなったんだ?

⑱ 快到终点时，他被后面的选手追上了。　　もうすぐゴールに着くというとき、彼は後ろの選手に追いつかれてしまった。

⑲ 面对突然发生的事，我一下子没反应过来。　　突然起こった出来事に対して、わたしはすぐには反応できなかった。

⑳ 爷爷得戴上老花镜才能看清楚报纸上的字。　　おじいさんは老眼鏡を掛けないと新聞の字がよく見えない。

■会話でトレーニング

A:《韩语入门》? 妈，你怎么突然学起韩语来了?

B: 我呀，最近迷上韩国电视剧了。哎呀! 那些韩国帅哥简直太帅了!

A: 看起来你迷得挺厉害啊! 你为

什么这么喜欢韩剧啊?

B: 怎么说呢? 一看韩剧我就想起自己的年轻时代了。

A: 哦? 真没看出来，你还挺浪漫啊。

B: 不是浪漫，是怀旧。唉，几十

年的时间一转眼就飞过去了。

A: 欸，妈，你最喜欢哪个演员啊？

B: 当然是裴勇俊了！

A: 欸？我爸要是戴上眼镜，围上围巾，是不是挺像裴勇俊的呀？

B: 别开玩笑了。你爸哪有裴勇俊

那么温柔？

对了，我又想看《冬日恋歌》了。幸好以前录下来了。

A: 妈，我说出来你可别生气，录像机的硬盘快装不下了，我就把《冬日恋歌》删掉了。

B: 什么？！

第3章 可能補語 [解答]

可能補語①

■センテンスでトレーニング

❶ 遥控器又找不着了。　　　　　リモコンがまた見当たらない。

❷ 这个音他总也发不好。　　　　この発音が彼はどうしてもうまくできない。

❸ 这棵树你爬得上去吗？　　　　あなたはこの木に登れますか？

❹ 想不到他竟然是这种人。　　　彼があんな人だなんで思いもしなかった。

❺ 要是有花不完的钱该多好。　　使い切れないくらいのお金があればいいのになあ。

❻ 只吃一个饭团子，吃得饱吗？　おにぎり1つだけで、お腹いっぱいになれる？

❼ 奶奶耳朵背，不大声说听不见。　おばあちゃんは耳が遠いから、大きい声で喋らないと聞こえない。

❽ 我只不过略微懂一些，谈不上专家。　わたしは少しわかるというだけで、専門家だなんてとんでもない。

❾ 他的成功和不懈的努力是分不开的。　彼の成功は絶えざる努力と切り離すことはできない（絶えず努力したからこそ成功した）。

❿ 我一个人忙不过来，你快来帮帮我。　わたし1人では手が回らない、早く来て手伝って。

⓫ 他看得懂中文，可是听不懂。　彼は中国語が読めるけど聞き取れない。

⑫ 她愁得吃不下饭，睡不着觉。　　　彼女は心配でご飯も喉を通らないし、寝つけない。

⑬ 她的嘴可厉害了，谁都说不过她。　彼女はものすごく口が達者で、誰もかなわない。

⑭ 我怎么也想不起他的名字来了。　　わたしはどうしても彼の名前が思い出せない。

⑮ 我今天鼻子不通气儿，闻不见味道。　わたしは今日鼻が詰まっているから、匂いがわからない。

⑯ 早点儿睡吧，要不然明天起不来了。　早く寝なさい。そうしないと明日起きられなくなるよ。

⑰ 学生人数太多，我记不住所有人的名字。　学生の人数が多すぎて、わたしは全員の名前が覚えられない。

⑱ 脱下衣服乱扔的毛病你怎么老是改不过来？　あなたの服を脱ぎ捨てる癖はどうしていつまでも治らないの？

⑲ 天气预报说明天下大雨，看来运动会开不成了。　明日は大雨だと天気予報が言ってるから、運動会は開催できなくなりそうだ。

⑳ 这个小品真没意思，从头看到尾都笑不出来。　このコントは本当につまらない。最初から最後まで見ても全然笑えない。

■並び替えでトレーニング

❶ 没有证件进不去。　　　　　　　　身分証明書がないと入れない。

❷ 我在别人家睡不好。　　　　　　　わたしは人の家ではよく眠れない。

❸ 他的电话总是打不通。　　　　　　彼の電話はいつも通じない。

❹ 她激动得说不出话来。　　　　　　彼女は感激して言葉も出ない。

❺ 今天阴天，看不见星星。　　　　　今日は曇っているので星が見えない。

❻ 这里吃不到新鲜的海鱼。　　　　　ここでは新鮮な海の魚が食べられない。

❼ 每天吃面条我也吃不腻。　　　　　毎日ラーメンを食べても飽きない。

❽ 他说的是方言，我听不懂。　　　　彼が話しているのは方言なので、わたしにはわからない。

❾ 我没带钥匙，进不去家门。　　　　鍵を持っていないので、家に入れない。

❿ 盖子太紧，怎么也打不开。　　　　ふたがきつすぎてどうやっても開けられない。

⑪ 这条巷子太窄，大车进不去。	この路地は狭いので、大きい車は通れない。
⑫ 只要努力，没有学不会的东西。	努力さえすればマスターできないものはない。
⑬ 这条裤子太瘦了，我穿不进去。	このズボンはきつすぎて履けない。
⑭ 小王跑得很快，谁都跑不过他。	王さんはとても足が速い。彼にかなう人はいない。
⑮ 他躺了很久，可怎么也睡不着。	彼は長いこと横になっていたが、なかなか寝付けない。
⑯ 他已经六十多岁了？真看不出来!	彼はもう60代なの？見た目では全然わからないね。
⑰ 他的酒量很大，喝多少都喝不醉。	彼の酒量はとても大きい。いくら飲んでも酔わない。
⑱ 心情很复杂，用语言表达不出来。	気持ちが複雑すぎて、言葉では表現できない。
⑲ 她很爱说话，一开口就停不下来。	彼女は大のお喋りで、喋りだすと止まらない。
⑳ 产品达不到质量标准就不能出货。	商品は品質の基準に達していなければ出荷できない。

■会話でトレーニング

A: 这是什么牛排啊？根本嚼不动。

B: 嚼不动就咽下去嘛。

A: 块儿太大，怎么咽得下去啊？

B: 你真够烦人的！牛排也堵不住你的嘴吗？

A: 你做饭总也做不好，还不让人说吗？

B: 我做不好那你做啊？就知道发牢骚。

A: 我工作一天了，累得都快站不起来了，你让我做饭？

B: 你就知道工作，家里的事儿什么都顾不上，你也太过分了吧！

A: 我不工作怎么生活得下去？你就做一点儿家务还做不好吗？

B: 一点儿家务？你以为做家务很轻松吗？我最讨厌你这种看不起家庭主妇的态度。我真忍受不下去了！我要跟你离婚!

A: ……我就是说说而已嘛。好了好了，快吃饭吧。

B: 我吃不下去，都被你气饱了。

A: 别生气了。你尝尝这牛排，很好吃的。

可能補語②

■センテンスでトレーニング

1 我真受不了老板的脾气。　　社長の短気な性質には本当に耐えられない。

2 你犯不着跟那种人生气。　　あんなやつのために腹を立てることはないよ。

3 这样的电影小孩子看不得。　　このような映画は子どもは見てはいけない。

4 这么贵的西装我可穿不起。　　こんなに高いスーツ、わたしは着られません。

5 小王是个靠得住的人，他办事我放心。　　王さんは頼れる人だ。彼がすることなら安心だ。

6 他这个人很乐观，不管遇到什么事都想得开。　　彼はとても楽観的で、どんなことでも前向きに考えられる。

7 这孩子跑得特别快，以后说不定能参加奥运会呢。　　この子はものすごく足が速いから、将来オリンピックに出られるかもしれないよ。

8 年轻大夫靠不住，还是找一个有经验的大夫吧。　　若い医者は信頼できない。やはり経験がある医者に頼もう。

9 有些人看不起乡下人，而这种人正是我最看不起的。　　田舎の人を見下す人がいるが、わたしはそのような人を一番軽蔑している。

10 说不好什么时候就会发生大地震，所以一定要有所准备。　　いつ大きい地震が起きるかわからないから、準備しておかなければいけない。

11 他粗心大意的毛病怎么也改不了。　　彼のそそっかしい性格はどうしても治らない。

12 他一定会处理好那件事的，你用不着担心。　　彼ならきっとあのことをきちんと処理できるから、心配は要りません。

13 怪不得她唱得那么好，原来是专业歌手啊。　　彼女はプロの歌手だったのか、道理で歌が上手いわけだ。

14 我今天不太饿，吃不了这么大一碗饭。　　今日はあまりお腹がすいていないから、こんなに大盛りのご飯は食べられない。

15 你不好好学习，怎么对得起你的父母？　　ちゃんと勉強しないと親に申し訳ないだろう？

16 我们公司人手不够，一到年底就忙不过来了。　　うちの会社は人手不足で、年末になると手が回らなくなってしまう。

17 这车价格不贵，可是太费油，买得起却开不起。　　この車は値段は安いが燃費が悪い。（車自体は）買えるけれど、維持費が高くて持てない。

18 虽然价钱便宜，但质量不好的话反而划不来。　　値段は安くても、品質がよくなければかえって割に合わない。

| ⑲ 我认为自己已经尽到了责任，没有对不起任何人。 | わたしは自分の責任を果たしたので、顔向けできない人はいないと思う。 |
| ⑳ 她母亲是中国人啊，怪不得她的汉语说得那么好。 | お母さんが中国人だったのか、どうりで彼女の中国語は上手いわけだ。 |

■並び替えでトレーニング

❶ 这样的事情急不得。	このようなことは焦ってはいけない。
❷ 这事儿人事部管不着。	この件は人事部の管轄ではない。
❸ 现在出发也来不及了。	今出発しても間に合わない。
❹ 走到车站用不了十分钟。	駅まで歩いて10分はかからない。
❺ 大家都忍不住笑起来了。 大家都忍不住笑了起来。	みんな堪えられなくて笑い出した。
❻ 产品的质量实在说不过去。	製品の品質が本当にひどくて話にならない。
❼ 他的想法总是让人理解不了。	彼の考え方はいつも理解しがたい。
❽ 那个地方治安很乱，去不得。	そこは治安がとても悪いので行ってはだめだ。
❾ 他的才能是一般人比不了的。	彼の才能は普通の人と比べられるものではない。
❿ 我恨不得现在就飞到她的身边。	今すぐにでも彼女のところに飛んでいきたい。
⓫ 用不着盖印章，签个字就行了。	ハンコを押さなくてもかまいません。サインをすればけっこうです。
⓬ 我还没来得及道谢，他就走了。	わたしがお礼を言わないうちに、彼はもう行ってしまった。
⓭ 别人信不过，只有他才信得过。	彼以外の人は信用できない。
⓮ 您没有零钱吗？一百块我找不开。	細かいのはありませんか。100元はくずせません。
⓯ 两队实力相当，说不好哪方能赢。	2つのチームの実力が拮抗しているので、どちらが勝つかはなんとも言えない。
⓰ 她一看到甜食就管不住自己的嘴了。	彼女は甘いものに目がない。
⓱ 咱们休息一会儿吧，我实在走不动了。	ちょっと休もう。もう疲れてどうしても歩けないんだ。

⑱ 演唱会马上就要开始了，恐怕赶不上了。	ライブはもうすぐ始まるから、もう間に合わないかもしれない。
⑲ 这附近的房租太贵了，一般学生租不起。	このあたりは家賃が高すぎて、普通の学生は借りられない。
⑳ 他舍不得花钱不是小气，而是为了交学费。	彼がお金を使いたがらないのはケチだからではなく、学費を納めるためだ。

■文章でトレーニング

青春期的孩子很难教育。这个年龄的孩子，打也打不得，骂也骂不得。管得太松管不住，管得太严，孩子又会产生逆反心理。

那么，应该怎样面对青春期的孩子呢？我个人认为有两点很重要。

首先要了解孩子的兴趣，增加共同语言。许多父母往往难以理解孩子们的兴趣，但大多数情况不是理解不了，而是不愿意去理解。这样的话，孩子们就会认为自己的兴趣被父母看不起而感到失落。

其次，要放下父母的架子，作为一个朋友多和孩子沟通。青春期的孩子们都受不了父母的说教，只是一味地教训孩子的话，只能起到反作用。当然，这并不是说应该对孩子听之任之。和孩子沟通是急不得的，要想沟通首先要让孩子信得过自己。建立起信赖关系，才有可能成为合得来的朋友。

如果您的孩子已经进入了逆反期也用不着担心。从现在开始，尽量对孩子的兴趣和想法多表示理解，作为他的朋友积极地进行沟通，说不定明天就会出现好转。

第4章 様態補語 [解答]

■センテンスでトレーニング

❶ 你开车开得太快了。	あなたは車を速く走らせすぎる。
❷ 你这次考得怎么样？	今回の試験はどうだった？
❸ 我坐得腿都麻了。	ずっと座っていて足が痺れた。

④ 你最近过得怎么样？　　　　最近はいかがお過ごしですか？

⑤ 这个菜咸得没法儿吃。　　　この料理はしょっぱすぎて食べられない。

⑥ 今天冷得像冬天似的。　　　今日はとても寒くて冬みたいだ。

⑦ 王老师说话说得很慢。　　　王先生は話すのが遅い。

⑧ 他们俩好得像兄弟一样。　　二人はとても仲良しで、まるで兄弟のようだ。

⑨ 他醉得站都站不起来了。　　彼は酔っぱらって立つこともできない。

⑩ 他模仿艺人模仿得很像。　　彼は芸能人の物真似がとても上手だ。

⑪ 张老师的课讲得很有意思。　張先生の授業はとても面白い。

⑫ 这件事你想得太简单了。　　この件についてあなたは簡単に考え過ぎだ。

⑬ 吃饭吃得太快对身体不好。　早食いは体によくない。

⑭ 这个菜把我辣得出了一身汗。この料理を食べたら辛くて汗だくになった。

⑮ 这条裤子已经瘦得不能穿了。このズボンは細すぎて履けない。

⑯ 这件事你做得太过分了。　　この件についてあなたのやり方はひどすぎる。

⑰ 这台电脑已经旧得不能用了。このパソコンは古くてもう使えない。

⑱ 她长得特别漂亮，就像明星一样。彼女はとてもきれいで、女優みたいだ。

⑲ 小王考虑事情总是考虑得很周到。王さんはいつも物事に対して考えが行き届いている。

⑳ 她看书看得入了迷，我叫了她好几声她也没听见。彼女は本を読むのに夢中で、何度も呼んでも気づかなかった。

■並び替えでトレーニング

① 茶烫得没法儿喝。　　　　　お茶が熱すぎて飲めない。

② 他兴奋得一夜没睡。　　　　彼は興奮のあまり一晩中眠れなかった。

❸ 事情进行得十分顺利。　　　　ことは至極順調に進んでいます。

❹ 外面吵得我睡不着觉。　　　　外がうるさくて眠れない。

❺ 他紧张得出了一头汗。　　　　彼は緊張して頭に汗をかいた。

❻ 我姐姐做菜做得很好吃。　　　わたしの姉は料理が上手だ。

❼ 价格贵得让人难以想像。　　　想像できないほど値段が高い。

❽ 她哭得眼睛都肿起来了。　　　彼女は泣きすぎて目が腫れてしまった。

❾ 孩子们吓得捂住了眼睛。　　　子どもたちは怖くて目を覆った。

❿ 这张照片照得不太清楚。　　　この写真はあまりきれいに撮れていない。

⓫ 他的身体热得像火一样。　　　彼の体は火のように熱い。

⓬ 唱卡拉 OK 唱得嗓子都哑了。　カラオケで歌いすぎて喉が枯れてしまった。

⓭ 她把房间打扫得干干净净的。　彼女は部屋をきれいに掃除した。

⓮ 妈妈包饺子包得又快又好。　　お母さんは餃子を包むのが速いし上手だ。

⓯ 这对双胞胎长得一模一样。　　この双子は顔が瓜二つだ。

⓰ 那件事儿被我忘得一干二净。　あのことをわたしはきれいさっぱり忘れてしまった。

⓱ 这个箱子重得两个人都抬不动。　この箱は重くて 2 人では運べない。

⓲ 公交车里挤得一点儿都动不了。　バスの中は混み合っていて少しも動けない。

⓳ 他走得太快了，我跟不上。　　彼は歩くのが速すぎて付いていけない。

⓴ 我们招待得很不周到，请您原谅。　わたしたちの接待が行き届いておらず、大変申し訳ありません。

■会話でトレーニング

A: 小李，好久不见了!

B: 你是⋯⋯，啊，小王? 你怎么了? 瘦得都快认不出来了!

A: 这半年，我瘦了十多公斤呢。

B: 真羡慕你啊! 我也想减肥啊。你看，我这啤酒肚大得像孕妇似的。你快告诉我你是怎么减肥的!

A: 其实我也没有什么好方法。自从半年前我进了一家黑公司，体重就不断下降啊。

B: 黑公司? 怎么回事儿?

A: 工作忙得团团转，加班要加到十一点呢! 每天一回家就累得倒在床上睡了。

B: 吃得不规律，休息得也不好，

难怪会瘦成这样。不过，加班加得这么多，一定挣得不少吧?

A: 挣得多有什么用啊? 每天忙得都没有时间花，日子过得太惨了。

B: 这种公司太不像话了，早点儿辞了吧!

A: 我也觉得这种工作干得没意思，每天都在想辞职的事儿。

B: 要不你来我的公司吧。

A: 你的公司? 你当老板了?

B: 一家小公司，算不了什么。我的公司虽然没有加班费，不过每天加班只到十点。怎么样?

第5章 程度補語 [解答]

■センテンスでトレーニング

❶ 外面冷得要命，别出去了。

外は寒くてたまらないから、出かけるのはやめなさい。

❷ 牙疼得厉害，连饭都吃不了。

歯が痛すぎて、ご飯も食べられない。

❸ 他的房间乱极了，简直没地方下脚。

彼の部屋はひどく散らかっていて、足の踏み場もない。

❹ 这双鞋不透气，穿着热得慌。

この靴は通気性が悪いので、履いていると熱くてたまらない。

❺ 孩子烧得厉害，赶快送医院吧。

子どもの熱がひどいので、早く病院に連れて行きましょう。

⑥ 昨天晚上没睡觉，现在困得要死。 — 昨日の夜は寝ていないので、今眠くて死にそうだ。

⑦ 一直没有水喝，大家都渴坏了。 — ずっと水を飲んでいないので、皆ののどが乾ききってしまった。

⑧ 你别再说了，我知道了。烦死了！ — もう言わないで、わかってるよ。うるさいなあ！

⑨ 看了那本小说以后，心里一直觉得堵得慌。 — あの小説を読んでから、心がひどくふさぎ込んでいる。

⑩ 爸爸从国外回来了，孩子们都高兴得不得了。 — お父さんが外国から帰ってきたので、子どもたちは大喜びだ。

⑪ 我感冒了，嗓子疼得很。 — 風邪を引いたので、のどがひどく痛い。

⑫ 这几天没事儿干，觉得闲得慌 — ここ数日することがなく、暇でしょうがない。

⑬ 坐了好几个小时船，晕得厉害。 — 何時間も船に乗っていたので、ひどく酔ってしまった。

⑭ 这些日子一直不顺，倒霉透了。 — ここの所ずっと上手くいかない、まったくついていない。

⑮ 他第一次玩儿蹦极，害怕得要命。 — 彼は初めてバンジージャンプをするので、怖くてたまらない。

⑯ 父亲听了那件事，气得不得了。 — 父はそのことを聞いてひどく怒ってしまった。

⑰ 脚心上被蚊子叮了，痒得要命。 — 足の裏を蚊に食われてしまって、かゆくてたまらない。

⑱ 她的日语说得好极了，简直和日本人一样。 — 彼女の日本語は大変上手で、まったく日本人みたいだ。

⑲ 这个电影的第二部比第一部差远了。 — この映画の第2部は第1部に比べて全然面白くない。

⑳ 一只狗突然向我跑过来，把我吓坏了。 — 1匹の犬が突然わたしに向って走ってきたので、びっくりしてしまった。

■並び替えでトレーニング

❶ 她做的菜好吃得很。 — 彼女が作る料理は非常に美味しい。

❷ 这里的风景真美极了！ — ここの風景は本当に美しい！

❸ 他的身体棒得很。 — 彼は体がとても丈夫だ。

❹ 这次的考试难得不得了。 — 今回のテストはひどく難しかった。

⑤ 那个国家的官员腐败透了。　　　　あの国の政治家は腐り切っている。

⑥ 他比以前成熟多了。　　　　　　　彼は以前よりもだいぶ大人になった。

⑦ 毛衣的领子扎得慌。　　　　　　　セーターの首回りがひどくチクチクする。

⑧ 他的汉语流利得很。　　　　　　　彼の中国語はとても上手だ。

⑨ 干了一天农活儿，累得要死。　　　一日中農作業をしたので、疲れて死にそうだ。

⑩ 黄金周的旅游景点人多极了。　　　ゴールデンウィークの観光地は人が非常に多い。

⑪ 买飞机票比以前方便多了。　　　　航空券を買うのが以前よりずっと便利になった。

⑫ 农村和城市的生活条件差远了。　　農村と都市の生活条件は全然違う。

⑬ 现在正是高峰时间，电车挤得要命。　ちょうどラッシュアワーなので、電車の中はぎゅうぎゅう詰めだ。

⑭ 这个地方最近几年污染得厉害。
　　最近几年这个地方污染得厉害。　　この地方はここ数年環境汚染がひどい。

⑮ 他对自己做的事后悔得不得了。　　彼は自分のしたことに対して非常に後悔している。

⑯ 手续复杂得要命，真烦透了。　　　手続きがひどく複雑で、本当に嫌になってしまった。

⑰ 这家公司的待遇比那家好多了。　　この会社の待遇はあの会社に比べて断然良い。

⑱ 你一身烟味儿，难闻死了。　　　　あなたは体中たばこの臭いがして、くさいったらありゃしない。

⑲ 今天把钱包丢了，真倒霉透了。　　今日財布を無くしてしまった、まったくついてないったらありゃしない。

⑳ 他昨晚没回家，家里人都急坏了。　彼は昨晩家に帰ってこなかったので、家の人が皆ひどく焦ってしまった。

■会話でトレーニング

A: 喂！喂！

B: 您是在叫我吗？

A: 当然了！你看，那儿有蟑螂！你快去处理一下。

B: 我可不敢。我怕蟑螂怕得要死啊！

A: 说什么呢？这不是你的工作吗？

B: 什么？我又不是抓蟑螂的。真是可笑极了！

210

A: 你这是什么态度？我今天心情不好，本来心里就憋得慌，又碰上你这个家伙，真是倒霉死了。

B: 你有病吧？

A: 你说什么？气死我了！叫你们店长来！

B: 等一下，你有没有搞错啊？

A: 搞错？我从进这家店门后就一直在生气。店里脏得不得了，上菜也慢得很，味道难吃得要命。真是糟透了！世界上哪家饭馆儿都比这儿好得多！

B: 看来您是气坏了吧？我可不是这里的服务员，我也是来吃饭的客人。

第6章 数量補語 [解答]

■センテンスでトレーニング

❶ 每个汉字写十遍。
それぞれの漢字を 10 回ずつ書く。

❷ 她以前在北京住过四年。
彼女は以前北京に 4 年間住んだことがある。

❸ 对不起，请您再等一会儿。
すみません、もうしばらくお待ち下さい。

❹ 有人从背后推了我一下。
誰かが後ろからわたしを（一度）押した。

❺ 他被几个流氓打了一顿。
彼は数人のチンピラに殴られた。

❻ 那个家伙骗过我一次。
あいつは一度わたしを騙したことがある。

❼ 客人已经来了一个多小时了。
お客さんが来てからもう 1 時間以上経った。

❽ 这件事你最好跟父母商量一下。
このことはご両親とちょっと相談したほうがいいよ。

❾ 我家养的猫已经死了十几年了。
うちで飼っていた猫が死んでもう 10 数年経った。

❿ 我劝了他好几次，可他就是不听。
わたしは何度も彼に忠告したけれど、彼は聞き入れなかった。

⓫ 他们唱卡拉 OK 唱了四个小时。
彼らはカラオケで 4 時間も歌った。

⓬ 我叫了小张几声，他都没听见。
わたしは張さんを何回か呼んだのに、彼は聞こえなかった。

⑬ 这件事我已经跟他商量过好几次了。	このことをわたしはもう彼と何回も相談した。
⑭ 我只跟他吃过一顿饭，交往并不深。	彼とは一度食事をしたことがあるだけで、深い付き合いではない。
⑮ 你已经洗了一个多小时澡了，还没洗完吗？	もう1時間以上もお風呂に入っているのに、まだ洗い終わっていないの？
⑯ 我去他的办公室找了他好几回，他都不在。	彼のオフィスに何度も訪ねたが、いつも不在だった。
⑰ 从东京到北京，坐三个多小时飞机就能到。	東京から北京まで、飛行機でたった3時間あまりで着く。
⑱ 他看了一下表，赶紧拿起书包出门了。	彼はちらっと時計を見て、急いでかばんを持って出かけた。
⑲ 这套西服穿了好几回了，该送去干洗了。	このスーツは何回も着たから、そろそろドライクリーニングに出さなきゃ。
⑳ 我向她道了三次歉，可她还是不肯原谅我。	彼女に3回も謝ったのに、まだわたしを許そうとしない。

■並び替えでトレーニング

❶ 他们俩吵过好几次架。	二人は何回も喧嘩したことがある。
❷ 她学过一年韩语。	彼女は1年間韓国語を勉強したことがある。
❸ 他住了一个月的院。	彼は1カ月入院した。
❹ 他来日本快十年了。	彼は日本に来てもうすぐ10年経つ。
❺ 我奶奶一天只吃两顿饭。	わたしのおばあちゃんは1日2食しか食べない。
❻ 他深深地叹了一口气。	彼は深くため息をついた。
❼ 昨天开会开了一下午。	昨日は午後ずっと会議だった。
❽ 请大家跟我读一遍课文。	わたしのあとについて一度本文を読んでください。
❾ 下个星期我得去一趟香港。 下个星期我得去香港一趟。	来週、わたしは一度香港に行かなければいけない。
❿ 今天又被老板骂了一顿。	今日また社長に怒られた。
⓫ 我在学会上见过一次王教授。 我在学会上见过王教授一次。	わたしは学会で一度王教授に会ったことがある。

⑫ 我可以用一下你的手机吗？
　 我用一下你的手机，可以吗？

あなたの携帯電話をちょっと使わせてくれますか。

⑬ 不好意思，我去一趟洗手间。

すみません、ちょっとお手洗いに行ってきます。

⑭ 我没听清，麻烦您再说一遍。

よく聞こえなかったので、すみませんがもう一度おっしゃってください。

⑮ 那个人踩了我一脚却没有道歉。

あの人はわたしを踏んだのに謝りもしなかった。

⑯ 我们等了他好长时间，他也没来。

わたしたちは彼を長い間待ったが、結局彼は来なかった。

⑰ 累了吧？咱们休息一会儿吧。

疲れたでしょう？しばらく休みましょう。

⑱ 因为孩子生病了，她请了一天假。

子どもが病気になったので、彼女は1日休暇を取った。

⑲ 我母亲当了四十年教师，今年退休了。

母は40年間教師をして、今年定年退職した。

⑳ 儿子练了五分钟钢琴就厌烦了。

息子は5分だけピアノの練習をしてもう飽きた。

■会話でトレーニング

A: 你怎么才来？我都等你半个小时了！

B: 对不起，对不起。今天加了一会儿班。

A: 加班的话就跟我说一声啊。

B: 我给你打了好几次电话，都没打通嘛。

A: 你说谎！我怎么没接到你的电话？

B: 我说没说谎，你看一下手机不就知道了吗？

A:（拿出手机看了一下）啊，手机没电了。奇怪，昨天充了一晚上电，怎么这么快就没电了？

B: 是不是手机有问题啊？你用了多长时间？

A: 我就上了两个小时网，玩儿了一会儿游戏，还给朋友打了几次电话而已啊。

B: 你一打电话就没完没了，打一个电话就要半个多小时。手机当然会没电了。

A: 算了，算了。咱们快走吧。今天要去的这家餐厅特别火，我以前预约了好几次都没预约到呢。

B: 那快走吧！在哪儿啊？

A: 啊！餐厅的地图和优惠券都保存在手机里了！

❶ 你听错了吧? ①　　　あなたが聞き間違えたのでしょう？

❷ 肚子疼得要命。⑤　　　おなかが死ぬほど痛いです。

❸ 我怎么也睡不着。③　　　わたしはどうしても眠れません。

❹ 酱油放得太多了。④　　　醤油を入れすぎです。

❺ 大家都准备好了吗? ①　　　みなさん準備はできましたか？

❻ 东西太多了，我拿不了。③　　　ものが多すぎて、わたしは持てません。

❼ 这个电影我看了好几遍。⑥　　　この映画をわたしは何度も見ました。

❽ 这么多单词，我记不住。③　　　こんなにたくさんの単語は、覚えられません。

❾ 把这幅画挂在墙上吧。①　　　この絵を壁に掛けましょう。

❿ 我每天睡得晚，起得也晚。④④　　　わたしは毎日寝るのが遅く、起きるのも遅いです。

⓫ 你想得太多了。④　　　あなたは考えすぎです。

⓬ 脚骨折了，现在动不了。③　　　足を骨折したので、今動けません。

⓭ 别打断他，让他说下去。②　　　さえぎらないで、彼に話を続けさせてください。

⓮ 我昨天只睡了四个小时。⑥　　　わたしは昨日４時間しか寝ませんでした。

⓯ 价格贵得令人吃惊。④　　　値段がびっくりするほど高いです。

⓰ 在家里没事儿干，无聊得很。⑤　　　家にいてすることもなく、とても退屈です。

⓱ 他昨天给我发来一封邮件。②　　　彼は昨日わたしにメールを１通送ってきました。

⓲ 房间里太闷了，把窗户打开吧。①　　　部屋の中がむっとするので、窓を開けましょう。

⓳ 这么贵的东西我可买不起。③　　　こんなに高いものはわたしには買えません。

⓴ 那家店很有名，很难预约到。①　　　あの店はとても有名で、なかなか予約が取れません。

㉑ 那件事我怎么也想不通。③　　　あのことは、どうしても納得できません。

㉒ 我说的话你都记住了吗? ①　　　わたしの言ったことは全部覚えましたか。

㉓ 凉快了没几天，又热起来了。②　　　涼しくなって何日も経たないうちにまた暑くなりました。

㉔ 黑板上的字可以擦掉吗? ①　　　黒板の上の字を消しても良いですか。

㉕ 一团巨大的烟花升上了天空。②　　　１発の巨大な花火が空に打ちあがりました。

㉖ 这么漂亮的蛋糕，真舍不得吃。③ | こんなにきれいなケーキは、食べるのがもったいないです。

㉗ 真不愧是模特儿，身材苗条极了。⑤ | さすがはモデルだけあって、スタイルがすごくいいですね。

㉘ 你们喝了这么多啤酒，还没喝够吗？① | あなたたちはこんなにたくさんビールを飲んだのに、まだ飲み足りないのですか。

㉙ 他在这次奥运会上拿到了两枚金牌。① | 彼は今回のオリンピックで金メダルを２つ獲得しました。

㉚ 你一会儿进来，一会儿出去，干什么呢？②② | あなたは入ったり出たりで、何をしているのですか。

㉛ 上个月我去了一趟京都。⑥ | 先月わたしは京都に行ってきました。

㉜ 什么来着？我突然想不起来了。③ | 何でしたっけ？突然思い出せなくなりました。

㉝ 书太多了，一个书架放不下。③ | 本が多すぎて、一つの本棚では置ききれません。

㉞ 用不着盖章，签个字就行了。③ | ハンコを押す必要はありません。サインだけで結構です。

㉟ 他一出门，记者就围上来了。② | 彼が外に出るとすぐに記者が回りを囲みました。

㊱ 地址没写对，信被退回来了。①② | 住所を書き間違えていたので、手紙が戻ってきました。

㊲ 看起来不怎么好，可是味道很好。② | 見た目はあまりよくないですが、味はとてもおいしいです。

㊳ 外面热得不得了，最好不要出去。⑤② | 外は暑くて仕方ないので、できれば出かけない方がいいです。

㊴ 一直联络不到他，我们担心得要命。③⑤ | ずっと彼に連絡が取れず、わたしたちは死ぬほど心配した。

㊵ 先把油烧热，然后把搅好的鸡蛋倒进去。①①② | まず油を熱してから、溶いた卵を流し入れます。

㊶ 桌子擦得不太干净。④ | テーブルがあまりきれいに拭いていません。

㊷ 信号不好，我听不清楚。③ | 電波が悪いので、よく聞こえません。

㊸ 爸爸的头发比以前少多了。⑤ | お父さんの髪の毛は以前よりだいぶ減ってしまった。

㊹ 要说销售业绩，谁都比不过他。③ | 営業成績のことを言うならば、誰も彼にはかないません。

㊺ 总经理太守旧了，跟不上时代。③ | 社長は保守的で、時代に付いていけません。

㊻ 我最爱吃薯片，吃多少都吃不够。③ | わたしはポテトチップスが大好物で、いくら食べても足りません。

㊼ 看中文电视剧也能学到不少中文。① | 中国語のテレビドラマを見ることでもたくさん中国語が学べます。

㊽ 这个老师的课我一点儿都听不懂。③ | この先生の授業は、わたしは全然理解できません。

㊾ 飞机快要起飞了，请您系好安全带。① | 飛行機は間もなく離陸しますので、シートベルトを締めてください。

㊿ 他突然站起来，什么都没说就走出会议室去了。②② | 彼は突然立ち上がり、何も言わずに会議室から出ていきました。

❶ 昨天睡好了吗? ①　　　　　　　　昨日よく眠れましたか。

❷ 你说得太过分了。④　　　　　　　　あなたは言い過ぎです。

❸ 他换了好几次工作。⑥　　　　　　　彼は何回も仕事を変えました。

❹ 这个孩子长得真可爱。④　　　　　　この子どもはとてもかわいい顔をしています。

❺ 这本小说被拍成电影了。①　　　　　この小説は映画になりました。

❻ 他看起来有点儿不满意。②　　　　　彼は少し不満そうに見えます。

❼ 最艰难的时期已经过去了。②　　　　一番大変な時期はもう過ぎました。

❽ 我订的比萨饼还没送到。①　　　　　わたしの注文したピザはまだ届きません。

❾ 以前的裤子都穿不进去了。③　　　　以前のズボンは全部履けなくなりました。

❿ 婆婆和儿媳妇怎么也合不来。③　　　姑と嫁はどうしてもそりが合いません。

⓫ 咱们坐下谈吧。②　　　　　　　　　座って話しましょう。

⓬ 说不定会出大问题。③　　　　　　　もしかしたら大問題が起きるかもしれません。

⓭ 好吃得停不下来。④③　　　　　　　おいしくて止まりません。

⓮ 她害羞得低下了头。④②　　　　　　彼女ははずかしくて下を向きました。

⓯ 今天晚上出去吃饭吧。②　　　　　　今日の夜は外で食事をしましょう。

⓰ 爸爸顽固得不得了。⑤　　　　　　　お父さんは頑固でしょうがないです。

⓱ 他知道那件事后气坏了。⑤　　　　　彼はそのことを聞いた後ひどく怒りました。

⓲ 你把车停在哪儿了? ①　　　　　　　あなたは車をどこに停めましたか。

⓳ 他从笔记本上撕下一张纸。②　　　　彼はノートから紙を１枚ちぎりました。

⓴ 关于那件事我问过他一次。⑥　　　　あのことに関してわたしは彼に一度訊ねた事があります。

㉑ 这些鱼新鲜得很。⑤　　　　　　　　これらの魚はとても新鮮です。

㉒ 牙疼得受不了。④③　　　　　　　　歯が痛くて耐えられません。

㉓ 最近过得怎么样? ④　　　　　　　　最近いかがお過ごしですか。

㉔ 孩子们都长大了。①　　　　　　　　子供たちはみな大きくなりました。

㉕ 吃不了就带回去吧。③②　　　食べきれなければ持ち帰りましょう。

㉖ 我们聊得非常开心。④　　　わたしたちはすごく楽しくおしゃべりしました。

㉗ 我在大学学过一年韩语。⑥　　　私は大学で１年間韓国語を勉強したことがあります。

㉘ 没想到能在这里见到你。①①　　　ここであなたに会えるなんで思ってもいませんでした。

㉙ 河面上漂过来一个大桃子。②　　　川面に大きな桃が流れてきました。

㉚ 桃子里跳出来一个男孩子。②　　　桃の中から１人の男の子が出てきました。

㉛ 你吃得惯香菜吗？③　　　あなたはパクチーを食べられますか。

㉜ 这只小狗可爱极了。⑤　　　この子犬は超かわいいです。

㉝ 大家休息十分钟吧。⑥　　　みなさん、１０分休憩しましょう。

㉞ 很多房屋被洪水冲走了。①　　　たくさんの家が洪水で流されました。

㉟ 请他帮忙肯定错不了。③　　　彼に手伝ってもらえば、間違いありません。

㊱ 这个演员演得不太好。④　　　この役者は演技がそんなに上手くないです。

㊲ 房子的贷款终于还完了。①　　　家のローンがようやく返し終わりました。

㊳ 他检查得很仔细。④　　　彼のチェックがとても細かいです。

㊴ 他家的人都热情得很。⑤　　　彼の家の人は皆とても親切です。

㊵ 你是什么时候回日本来的？②　　　あなたはいつ日本に帰ってきたのですか。

㊶ 我也说不清楚。③　　　わたしもうまく説明できません。

㊷ 用不了那么多钱。/ 那么多钱用不了。③　　　そんなにたくさんのお金はかかりません。

㊸ 电车里挤得要命。⑤　　　電車の中は死ぬほど混んでいます。

㊹ 怎么想也想不出来。③　　　どう考えても考え出せません。

㊺ 你先回公司去吧。②　　　あなたは先に会社に戻ってください。

㊻ 昨天玩儿得很开心。④　　　昨日遊んでとても楽しかったです。

㊼ 这个电影已经上映完了。①　　　この映画はもう上映が終わりました。

㊽ 我想把头发染成茶色。①　　　わたしは髪の毛を茶色に染めたいです。

㊾ 把行李拿进房间里去吧。②　　　荷物を部屋の中に持っていきましょう。

㊿ 他是故意把我推倒的。①　　　彼はわざとわたしを押し倒したのです。

会話 1

A: 您今天想怎么剪?

B: 我想剪成短发。看起来像二十多岁的。①②

A: 剪短没问题,像二十多岁的……有点儿难啊。①

会話 2

A: 妈妈,你看,我画的爸爸像不像?

B: 啊!你怎么画在地板上了?!①

A: 不行吗?那我擦干净就好了。①

B: 这是油性笔!擦不掉的!③

会話 3

A: 欸,你看!对面走过来的女孩子真漂亮啊!②

B: 她一直对你笑呢!

A: 她是不是喜欢上我了?②

B: 不会吧!你有什么魅力啊?啊,我知道了,你的毛衣穿反了。①

会話 4

A: 别睡了,快起来吧。②

B: 啊,困死了,再让我睡五分钟。

⑤⑥

A: 每天都是这样,晚上睡得晚,早上起不来。真是的!④③

欸?你怎么又睡着了?真没办法,那我不管你了啊!①

会話 5

A: 你还吃啊?肚子鼓得像气球一样。④

B: 两个小时随便吃,还可以吃十分钟呢。今天吃饱了,明天就用不着吃早饭了。⑥①③

A: 你是骆驼吗?我吃不下去了。你也适可而止吧。③

会話 6

A: 哇!你全身都淋湿了!①

B: 突然下起雨来了。②

A: 你没带伞吗?

B: 没带。我出来的时候是晴天啊。②

A: 最近经常下阵雨,你最好像我一样,带上折叠伞。②
啊!糟糕!早上晾出去的被子忘收回来了!②②

会話 7

A: 时间过得真快啊!④

B: 是啊,一转眼我儿子就要考大

学了。

A: 是吗？那现在一定忙得很吧。⑤

B: 别提了，他一点儿都不用功。这样下去，我看他什么大学都考不上。②③

A: 你儿子很聪明，一定没问题的。

B: 要是有游戏大学的话也许考得上。③

会話8

A: 你怎么才回来？②

B: 加班啊。啊，累死了。⑤

A: 你去哪儿加班了？一身酒味儿。

B: 加完班以后跟同事去喝了一杯。啊，有点儿喝多了。我去洗澡。①①

（丈夫脱下西装，解开领带，向浴室走去。）②①②

A: 等一下，衬衫上的口红印是怎么回事？⑥

会話9

A: 吃饭了！吃饭了！

B: 知道了，我马上下去。②

A: 喊了你多少次了，没听见吗？⑥①

B: 我戴着耳机呢，听不清楚。③

A: 你又玩儿游戏了吧？

B: 现在放暑假嘛，可以玩儿吧。

A: 真是的，就知道玩儿游戏，暑假作业做完了吗？①

B: 作业太多了，怎么做也做不完。③

会話10

A: 你看，这张照片拍得怎么样？④

B: 嗯，拍得真清楚！④

A: 还是单反相机好，拍出来的照片就是不一样，比手机好多了。②⑤

B: 价格也比手机贵多了呀！既然买了，就好好用吧。⑤

（几个月后，一家人出去旅游）②

B: 夕阳真美啊！欸？你的单反相机呢？

A: 单反相机太重了，我没带来。用手机拍吧。②

会話11

A: 奇怪，密码输入了好几次都进不去。⑥③

B: 你是不是记错了？①

A: 不会啊，我记得很清楚，密码是你的生日。4位数，不是0314吗？④

B: ……是0304。

A: 0304，哦！进去了！②

B: 喂！你把我的生日记错了？①

A: 别生气，别生气。是我不小心。咱们吃饭吧。

B: 我不吃，我已经被你气饱了。①

A: 你还没化完妆吗？①

B: 再等一会儿。你已经准备好了吗？⑥①

A: 我早就准备好了。①

B: 窗户还开着呢，你把窗户关上。还有，垃圾还没扔掉呢。②①

A: 知道了，知道了。你快点儿啊!

B: 好了，咱们走吧。

A: 每次出门都急急忙忙的，还来得及吗？③

B: 没问题。婚礼的红包带着呢吧？

A: 带着呢。……怎么这么堵啊？看样子来不及了。③

B: 欸？怎么办？我是伴娘啊!

A: 先打个电话吧。

B: 啊! 我把手机忘在家里了。①

A: 这儿写着"禁止停车"，你没看见吗？罚款两百。①

B: 对不起，我眼睛不好，没看清楚。③①

A: 眼睛不好怎么不戴眼镜？

B: 啊，我把眼镜忘在家里了。①

A: 违章停车加上不戴眼镜，罚款三百。②

B: 您就原谅我一次吧，我只停了五分钟。⑥⑥

A: 五分钟也不行。

B: 我去便利店买东西，车位都停满了，所以我就停在路边了。我这就开走。①①①

A: 不行，不行。欸，等一下，你是不是喝酒了？⑥

B: 没……没有啊。

A: 我闻见酒味儿了。①

把你的驾照拿出来。……啊？你的驾照已经过期一年多了!②⑥

225

228

著者プロフィール

李 軼倫 (り・いつりん)

北京市出身。東京外国語大学大学院博士課程単位取得。専門は中国語文法・中国語教育。東京外国語大学、早稲田大学などの非常勤講師。NHK 国際放送アナウンサー。フリーランスのナレーター・声優としても活動中。NHKラジオ講座「レベルアップ中国語」（2016 年）、「まいにち中国語」（2018年）講師を歴任。
著書に『これからはじめる 中国語入門』『李軼倫先生と学ぶ はじめての中国語』（NHK 出版）、『李先生の中国語ライブ授業』『ちょこっと中国語翻訳 ネイティヴらしく表現するコツ』（白水社）、『はじめよう中国語音読』（アスク）、『中国語の基礎 発音と文法』（共著、NHK 出版）、『中国語解体新書』（共著、駿河台出版社）、『やさしくくわしい中国語文法の基礎（改訂新版）』（共著、東方書店）など多数。

増補改訂版
中国語文法補語完全マスター

2015 年 9 月 10 日　第 1 版　第 1 刷発行
2021 年 11 月 1 日　増補改訂版　第 1 刷発行
2022 年 11 月 1 日　増補改訂版　第 2 刷発行

著者：李 軼倫

中国語ナレーション：李 軼倫、李 婷、李 焱
校正：福井 ゆり子、李 凌燕
装丁・本文デザイン：松本 田鶴子
イラスト：森 邦生

発行人：坂本由子
発行所：コスモピア株式会社
　　　　〒 151-0053　東京都渋谷区代々木 4-36-4　MC ビル 2F
営業部：TEL: 03-5302-8378 email: mas@cosmopier.com
編集部：TEL: 03-5302-8379 email: editorial@cosmopier.com

https://www.cosmopier.com/　　　［コスモピア・全般（一般用）］
https://www.e-st.cosmopier.com/　［コスモピア e ステーション］
https://www.cosmopier.net/　　　［コスモピア・オンラインショップ］
https://www.kids-ebc.com/　　　　［子ども英語ブッククラブ］

印刷：シナノ印刷株式会社

音声収録：株式会社メディアスタイリスト
音声編集：門間朋之

本書へのご意見・ご感想をお聞かせください。

本書をお買い上げいただき、誠にありがとうございます。

今後の出版の参考にさせていただきたいので、ぜひ、ご意見・ご感想をお寄せください。（PC またはスマートフォンで下記のアンケートフォームよりお願いいたします）

アンケートにご協力いただいた方の中から抽選で毎月 10 名の方に、コスモピア・オンラインショップ（https://www.cosmopier.net/）でお使いいただける 500 円のクーポンを差し上げます。（当選メールをもって発表にかえさせていただきます）

https://forms.gle/vpkRgup92DQUBTUq7

中国語らしい発音になる！
四声完全マスター

中上級〜

著者：胡 興智

A5 判 228 ページ
本体 2,000 円＋税

四声は、日本人にとって難関のひとつ。四声を間違えただけで、「中国語を勉強しています」と言ったつもりが「韓国語を勉強しています」になったり、「大雨が降ってきた」が「大きな魚がいっぱい降ってきた」になるのですから、やっかいです。

中国語はひとつの文字に基本的に四声があり、二音節になると 15 通りもの組み合わせになります。本書はまるごと 1 冊が四声のトレーニング本。「見ないで聞く」「見ながら読む」「音声を聞いて復唱する」をはじめとするトレーニングで、どんどん声に出します。

本書の特徴

●段階を踏んだトレーニング

一音節からスタートして、二音節、三音節、四音節、五音節と、少しずつ確実にレベルアップする流れ。練習に使う語句や文は、日常のあいさつや決まり文句、旅行の必須表現、レストランやショッピングで使う定番表現、ビジネスで頻繁に使われる言い回しなど、実用的。発音練習がそのまま使える会話力へとつながります。

●基本語 1,000 語をマスター

練習素材は日常的によく使う基本語を中心に、中検や HSK でよく出る 500 語を含めた約 1,000 語を厳選して作成。さらに重要文法をほぼ網羅し、四声の練習をしながら文法の復習もできるように工夫しています。

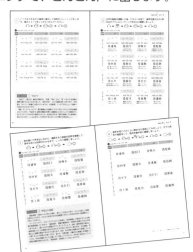

直接のご注文は　https://www.cosmopier.net/shop